Echtes Deutschland, echtes Deutsch

# 진짜 독일, 진짜 독일어

초보자를 위한 생생한 독일어 회화와 문화

# 진짜 독일, 진짜 독일어

비욘감멜 저

조선대학교 출판부

# Vorwort:

Dieses Lehrwerk richtet sich an Anfänger, die nicht nur die deutsche Sprache erlernen, sondern gleichzeitig auch Einblicke in die deutschsprachige Alltagskultur gewinnen möchten. Im Unterschied zu vielen bestehenden DaF-Lehrwerken liegt der Fokus hier auf authentischen, aktuellen Texten, die echte Themen aus dem Leben aufgreifen. So lernen die Nutzer nicht nur Wortschatz, sondern auch Denkweisen, Werte und gesellschaftliche Realitäten kennen.

Darüber hinaus wurde dieses Buch bewusst für Lernende konzipiert, die außerhalb des deutschsprachigen Raums leben, aber einen lebensnahen Zugang zur Sprache und Kultur suchen.

Die didaktische Aufbereitung unterstützt einen aktiven, kontextbezogenen Spracherwerb und fördert zugleich interkulturelles Verständnis.

# Inhaltsverzeichnis

Einführung : Alphabet, Zahlen und Artikel ... 6
Begrüßung und Vorstellung ... 14
Uhrzeit und Verabredung ... 26
Wegbeschreibung und Verkehrsmittel ... 40
Im Café / Biergarten ... 56
Im Restaurant ... 64
Einkaufen und Lebensmittel ... 80
Wetter und Jahreszeiten ... 96
Hobbys und Vorlieben ... 104
Sportarten ... 118
Musik und Musikinstrumente ... 132
Shoppen und Kleidung ... 148
Gesundheit ... 168
Gefühle ... 182
Meine Wohnung ... 190
Familie ... 204
Geburtstag ... 214
Feiertage und Feste ... 224
Reisen und Buchung ... 242

# Einführung: Alphabet, Zahlen und Artikel

## Das Alphabet

| Buchstabe | Aussprache (IPA) | Beispiel |
|---|---|---|
| A | [aː] | Apfel ([ˈap͡fəl]) |
| B | [beː] | Ball ([bal]) |
| C | [t͡seː] | Café ([kaˈfeː]) |
| D | [deː] | Dose ([ˈdoːzə]) |
| E | [eː] | Essen ([ˈɛsn̩]) |
| F | [ɛf] | Fisch ([fɪʃ]) |
| G | [geː] | Garten ([ˈgaʁtn̩]) |
| H | [haː] | Haus ([haʊ̯s]) |
| I | [iː] | Insel ([ˈɪnzl̩]) |
| J | [jɔt] | Jahr ([jaːʁ]) |
| K | [kaː] | Katze ([ˈkat͡sə]) |
| L | [ɛl] | Lampe ([ˈlampə]) |
| M | [ɛm] | Maus ([maʊ̯s]) |
| N | [ɛn] | Nase ([ˈnaːzə]) |
| O | [oː] | Ofen ([ˈoːfn̩]) |
| P | [peː] | Papier ([paˈpiːɐ̯]) |
| Q | [kuː] | Quelle ([ˈkvɛlə]) |
| R | [ɛʁ] / [ʁ] | Rose ([ˈʁoːzə]) |
| S | [ɛs] | Sonne ([ˈzɔnə]) |
| T | [teː] | Tisch ([tɪʃ]) |
| U | [uː] | Uhr ([uːɐ̯]) |
| V | [faʊ̯] | Vogel ([ˈfoːgl̩]) |
| W | [veː] | Wasser ([ˈvasɐ]) |
| X | [ɪks] | Xylophon ([ˈksyloˌfoːn]) |
| Y | [ʏpsilɔn] | typisch ([ˈtyːpɪʃ]) |
| Z | [t͡sɛt] | Zucker ([ˈt͡sʊkɐ]) |

## Besonderheiten:

- Ä ([ɛ:] oder [ɛ]): ähnlich wie "e", z. B. "Mäuse" ([ˈmɔʏ̯zə]).
- Ö ([ø:] oder [œ]): wie in "schön" ([ʃø:n]).
- Ü ([y:] oder [ʏ]): wie in "Müll" ([mʏl]).
- ß ([ɛsˈt͡sɛt] oder einfach "scharfes S"): z. B. "Straße" ([ˈʃtʁa:sə]).

Hier sind einige Aufgaben mit dem wir das Alphabet und die Aussprache üben können:

## Buchstaben und Namen

- Buchstabiere deinen Namen laut, während andere zuhören und notieren.
- Beispiel: "Ich heiße Maria. M – A – R – I – A."
- Erweiterung: Buchstabiert andere Namen oder Wörter (z. B. Stadt- oder Ländernamen)

## Aussprache-Diktat

- Der Lehrende buchstabiert langsam ein Wort. Die Lernenden schreiben es auf.
- Beispiel: "A – P – F – E – L."
- Überprüfung: Die Gruppe sagt das vollständige Wort laut und übt die Aussprache.

## Buchstaben- und Klangpaarungen

- Führe eine Ausspracheübung mit schwierigen Buchstaben durch.
- Beispiel: Der Lehrende sagt "Buch" (B) und "Puch" (P), und die Lernenden müssen erkennen, welcher Buchstabe gesprochen wurde.

## Alphabet und Wörter

- Verwende Bilder oder Wörter, um Buchstaben zu üben: "A wie Apfel", "B wie Ball", "C wie Computer".
- Variationen: Lass die Lernenden eigene Beispiele nennen oder ihre Umgebung nach passenden Objekten durchsuchen.

## Hörverstehen: Buchstabensalat

- Der Lehrende buchstabiert ein Wort in zufälliger Reihenfolge, und die Lernenden versuchen, das richtige Wort zu rekonstruieren.
- Beispiel: "P - A - F - L - E" • Apfel.

## Wörterkette

- Einer beginnt mit einem Wort und buchstabiert es (z. B. "H-A-U-S").
- Der nächste nimmt den letzten Buchstaben des Wortes und startet ein neues (z. B. "S-T-U-H-L").

## Zahlen von 0 bis 100

| Grundzahlen: | Zehnerzahlen: | Zusammengesetzte Zahlen: |
|---|---|---|
| 0: null | 20: zwanzig | 21: einundzwanzig |
| 1: eins | 30: dreißig | 34: vierunddreißig |
| 2: zwei | 40: vierzig | 56: sechsundfünfzig |
| 3: drei | 50: fünfzig | 78: achtundsiebzig |
| 4: vier | 60: sechzig | 99: neunundneunzig |
| 5: fünf | 70: siebzig | |
| 6: sechs | 80: achtzig | |
| 7: sieben | 90: neunzig | |
| 8: acht | 100: einhundert | |
| 9: neun | | |
| 10: zehn | | |
| 11: elf | | |
| 12: zwölf | | |

# Zahlen im Alltag

Zahlen sind überall! Wir benutzen sie, um das Alter zu sagen, Preise anzugeben oder Telefonnummern zu notieren. In Deutschland werden Zahlen oft zusammengeschrieben, zum Beispiel "einundzwanzig" oder "vierundvierzig". Bei Telefonnummern und Hausnummern spricht man sie oft einzeln aus, zum Beispiel "zwei-drei-null" (230).

## Übungen

### Schreiben Sie die Zahlen in Worten:

12: _______

45: _______

78: _______

99: _______

### Ordnen Sie die Zahlen der Größe nach:

- 34, 12, 78, 56, 23

### Rechnen Sie die Aufgaben und schreiben Sie die Ergebnisse in Worten:

- 12 + 8 = _______
- 45 – 20 = _______
- 7 × 3 = _______

### Telefonnummern notieren

Hören Sie die Telefonnummern und schreiben Sie sie auf:

- Beispiel: 0157 345 6789

### Dialog:

A: Wie alt bist du?

B: Ich bin neunzehn Jahre alt. Und du?

A: Ich bin zwanzig Jahre alt.

## Der Artikel im Deutschen: Artikel Bestimmung im Deutschen

### Maskulin (der)

In der Regel haben maskuline Nomen (der) folgende Merkmale:

- Männliche Personen oder Tiere:
- der Mann
- der Vater
- der Hund (wenn es um ein männliches Tier geht)
- Monate, Wochentage, Jahreszeiten:
- der Januar
- der Montag
- der Sommer
- Himmelsrichtungen:
- der Norden
- der Osten
- Substantive, die auf -er, -ling, -ant, -ist, -or, -us enden:
- der Lehrer
- der Fremdling
- der Student
- der Autor
- der Kursus
- Viele Substantive, die aus Verben gebildet werden:
- der Einkauf (von "einkaufen")
- der Lauf (von "laufen")

## Feminin (die)

Feminin (die) Nomen haben oft die folgenden Merkmale:

- **Weibliche Personen oder Tiere**:
- die **Frau**
- die **Mutter**
- die **Katze** (bei einem weiblichen Tier)
- **Substantive, die auf -e, -heit, -keit, -ung, -schaft, -ion, -tät, -ik enden:**
- die **Blume** (auf -e)
- die **Freiheit** (auf -heit)
- die **Möglichkeit** (auf -keit)
- die **Erklärung** (auf -ung)
- die **Freundschaft** (auf -schaft)
- die **Nation** (auf -ion)
- die **Universität** (auf -tät)
- die **Musik** (auf -ik)
- **Meistens auch Substantive, die auf -in enden, wenn es sich um weibliche Personen handelt:**
- die **Lehrerin**
- die **Ärztin**

## Neutrum (das)

Neutrale (das) Nomen haben häufig diese Merkmale:

- **Dinge, Objekte, und abstrakte Konzepte:**
- das **Haus**
- das **Auto**
- das **Buch**
- das **Kind**
- **Substantive, die auf -um, -ment, -um, -eau, -ma enden:**

- das **Museum** (auf -um)
- das **Instrument** (auf -ment)
- das **Thema** (auf -ma)
- das **Café** (auf -eau)
- **Substantive, die aus einem Verb gebildet werden und das Konzept oder die Handlung bezeichnen:**
- das **Essen** (von "essen")
- das **Trinken** (von "trinken")

### Plural (die)

Alle **Pluralformen** von Nomen im Deutschen werden mit dem Artikel **"die"** verwendet, unabhängig vom Genus im Singular:

- die **Hunde** (maskulin)
- die **Frauen** (feminin)
- die **Bücher** (neutrum)

### Ausnahmen

Leider gibt es auch **Ausnahmen** von diesen Regeln, und manche Nomen sind nicht einfach nach ihrem Ende oder ihrer Bedeutung zuzuordnen. Das bedeutet, dass du im Deutschen viele Nomen einfach auswendig lernen musst, um zu wissen, ob sie maskulin, feminin oder neutrum sind. Zum Beispiel:

- der **Tisch** (maskulin, obwohl es sich um ein unbelebtes Objekt handelt)
- die **Küche** (feminin, obwohl man es mit "Raum" assoziieren könnte)
- das **Mädchen** (neutrum, obwohl es sich um eine weibliche Person handelt)

# Kapitel 1

## Begrüßung und Vorstellung

In Deutschland ist es wichtig, höflich und freundlich zu sein. Wenn man jemanden trifft, sagt man oft zuerst: **"Hallo"** oder **"Guten Tag"**. Am Morgen sagt man **"Guten Morgen"**, und am Abend **"Guten Abend"**.

Wenn man sich vorstellt, sagt man:

- "Ich heiße ..."
- "Mein Name ist ..."

Zum Beispiel: "Ich heiße Anna" oder "Mein Name ist Peter".

Man kann auch fragen: "Wie heißt du?" (informell) oder "Wie heißen Sie?" (formell).

Nach dem Namen fragt man oft: "Woher kommst du?" oder "Woher kommen Sie?".
Die Antwort ist: "Ich komme aus ...". Zum Beispiel: "Ich komme aus Korea".

Wenn man jemanden neu kennenlernt, sagt man:

- "Freut mich, dich kennenzulernen" (informell).
- "Freut mich, Sie kennenzulernen" (formell).

Zum Abschied sagt man:

- "Tschüss" oder "Auf Wiedersehen".

### Beispiel-Dialog:

**Anna :** Guten Morgen! Ich heiße Anna. Wie heißt du?

**Peter :** Hallo, Anna! Ich heiße Peter. Freut mich, dich kennenzulernen.

**Anna :** Freut mich auch! Woher kommst du?

**Peter :** Ich komme aus Deutschland. Und du?

**Anna :** Ich komme aus Korea.

## Wortschatz : Begrüßungen und Vorstellen

### Formelle Begrüßungen

Diese Begrüßungen verwendet man in beruflichen oder offiziellen Situationen sowie gegenüber Personen, die man nicht gut kennt oder die älter sind.

- **Guten Morgen** (bis ca. 10–11 Uhr)
- **Guten Tag** (von ca. 11 Uhr bis 18 Uhr)
- **Guten Abend** (ab ca. 18 Uhr)
- **Wie geht es Ihnen?**
- **Grüß Gott** (regional, in Süddeutschland und Österreich)
- **Sehr geehrte Damen und Herren** (in Briefen oder offiziellen Ansprachen)

## Informelle Begrüßungen

Diese Begrüßungen verwendet man unter Freunden, in der Familie oder in lockeren, ungezwungenen Situationen.

- **Hallo** (neutral und weit verbreitet)
- **Hi** (sehr informell, unter jungen Leuten)
- **Hey** (sehr informell)
- **Na?** (kurz für "Wie geht's?"; umgangssprachlich)
- **Servus** (regional, vor allem in Süddeutschland und Österreich)
- **Grüß dich** (vor allem in Süddeutschland)
- **Moin** (norddeutsch, ganztägig verwendbar)
- **Was geht?** (informell, unter Jugendlichen)

Handschlag: In formellen Situationen ist ein Handschlag üblich, während in informellen Kontexten oft nur ein "Hallo" oder ein kurzes Winken genügt.

## Fragen nach dem Befinden:

- Wie geht's?
- Wie geht es dir?
- Wie geht es Ihnen? (formell)
- Mir geht's gut, danke.
- Es geht mir gut/schlecht.

### Vorstellung:

- Ich heiße ...
- Mein Name ist ...
- Ich bin ... (Alter, Beruf, Herkunft)
- Ich komme aus ...
- Woher kommst du?
- Wo wohnen Sie?
- Ich wohne in ...
- Ich bin Student/Studentin.

## Grammatik : Personalpronomen und das Verb "sein"

### Personalpronomen:

- ich
- du
- er/sie/es
- wir
- ihr
- sie (pl.)

### Das Verb "sein" im Präsens:

- Ich bin
- Du bist
- Er/sie/es ist
- Wir sind
- Ihr seid
- Sie sind

**Beispielsätze:**

- Ich bin Anna.
- Du bist Student.
- Er ist aus Deutschland.
- Wir sind in der Schule.
- Ihr seid freundlich.
- Sie sind Lehrer.

## Rollenspiel – Begrüßung in verschiedenen Situationen

Übe mit einem Partner die Begrüßung in verschiedenen Kontexten.

**Beispiel-Situationen:**

1. Im Café – Wie begrüßt du jemanden, den du nicht kennst?
2. In der Schule – Wie begrüßt du deinen Lehrer?
3. Mit Freunden – Wie begrüßt du deinen besten Freund?

**Ordne die Begrüßungen den passenden Situationen zu.**

1. ____ Guten Morgen!
2. ____ Tschüss!
3. ____ Auf Wiedersehen!

## Situationen:

A) Du verabschiedest dich von einem Freund.
B) Du begrüßt deinen Kollegen um 8:00 Uhr morgens.
C) Du verlässt ein Büro nach einem Gespräch.

### Beispiel-Dialog 1 :

- **Person A :** Hallo, wie geht's?
- **Person B :** Guten Morgen, mir geht's gut, danke. Und dir?
- **Person A :** Auch gut. Ich heiße Maria.
- **Person B :** Ich heiße Peter. Woher kommst du?
- **Person A :** Ich komme aus Berlin. Und du?
- **Person B :** Ich komme aus München.

### Beispiel-Dialog 2 :

- **Person A :** Guten Tag, wie heißt du?
- **Person B :** Hallo, mein Name ist Max.
- **Person A :** Wie alt bist du, Max?
- **Person B :** Ich bin 22 Jahre alt. Und du?
- **Person A :** Ich bin 20 Jahre alt.

## Übung : Begrüßung und Vorstellung

- **Person A :** "Hallo, wie geht's?"
- **Person B :** "Mir geht's gut. Wie geht's dir?"
- **Person A :** "Es geht mir auch gut, danke. Ich heiße Anna, und du?"
- **Person B :** "Ich heiße Max. Woher kommst du?"
- **Person A :** "Ich komme aus Berlin. Und du?"
- **Person B :** "Ich komme aus München."

### Fragen:

1. Wie geht es Person A?
2. Wie heißt Person B?
3. Woher kommt Person A?

## Leseübung : Lies den Dialog und beantworte die Fragen.

### Dialog:

- **A :** Guten Morgen, wie geht's dir?
- **B :** Mir geht's sehr gut, danke! Und dir?
- **A :** Es geht mir gut. Wie heißt du?
- **B :** Ich heiße Lukas. Und du?
- **A :** Ich heiße Anna. Woher kommst du, Lukas?
- **B :** Ich komme aus Frankfurt. Und du?
- **A :** Ich komme aus Hamburg.

Fragen:

1. Wie geht es A?
2. Wie heißt B?
3. Woher kommt A?
4. Woher kommt B?

## **Schreibübung** – Eigene Vorstellung

Schreibe einen kurzen Text über dich. Achte darauf, Personalpronomen und das Verb "sein" zu verwenden.

Beispiel :

"Hallo, mein Name ist Julia. Ich komme aus Stuttgart. Ich bin Studentin und lerne Deutsch. Ich wohne in einer Wohnung in der Stadt. Wie heißt du?"

## **Paararbeit** – Vorstellungsspiel

Anleitung :

Arbeite mit einem Partner. Stellt euch gegenseitig vor. Nutzt die Sätze aus dem Kapitel.

Beispiel:

- Person A : Hallo, ich heiße Anna. Wie heißt du?
- Person B : Hallo Anna, ich heiße Lukas. Woher kommst du?
- Person A : Ich komme aus Frankfurt. Und du?
- Person B : Ich komme aus Hamburg.

## Verwendung von "sein":

- "Sein" bedeutet "to be" und wird im Deutschen verwendet, um Zustände oder Eigenschaften zu beschreiben.
- Ich bin müde.
- Du bist nett.
- Wir sind in der Stadt.

## Grammatikübungen - Personalpronomen und "sein"

### Setze das richtige Personalpronomen ein.

1. ___ bin Anna.
2. ___ bist Max.
3. ___ ist meine Freundin.
4. ___ sind Lehrer.
5. ___ seid in der Schule.
6. ___ sind aus Deutschland.

### Setze die richtige Form von "sein" ein.

1. Ich ___ Student.
2. Du ___ aus Berlin.
3. Er ___ mein Freund.
4. Wir ___ in der Stadt.
5. Sie ___ aus Frankreich.
6. Ihr ___ nett.

## Übung : Personalpronomen einsetzen

Setze das richtige Personalpronomen in die Lücken ein:

1. ___ bin müde.
2. ___ kommst aus Spanien.
3. Anna und Peter, ___ sind meine Freunde.
4. ___ sind im Park.
5. Wo ist Max? ___ geht nach Hause.
6. ___ fährt mit dem Bus.
7. ___ habt ein schönes Haus.
8. ___ ist mein Hund.

## Übung : Fragen mit Personalpronomen beantworten

Beantworte die Fragen mit dem richtigen Personalpronomen.

1. Wie heißt du?
___ heiße Maria.
2. Woher kommt Peter?
___ kommt aus Deutschland.
3. Wo sind du und Anna?
___ sind im Kino.
4. Was macht deine Schwester?
___ liest ein Buch.
5. Wer ist das?
___ ist mein Freund Tom.
6. Geht ihr ins Restaurant?
Ja, ___ gehen ins Restaurant.

## Übung : Personalpronomen im Satz erkennen

Kreuze das richtige Personalpronomen an:

1. Er / Wir / Du geht in die Schule.
2. Ich / Du / Wir sprechen Deutsch.
3. Wir / Sie / Ich trinkt Kaffee.
4. Wir / Ihr / Sie haben ein neues Auto.
5. Du / Sie / Ich bist sehr nett.

## Übung : Sätze umwandeln

Wandle die folgenden Sätze um, indem du das Personalpronomen einsetzt.

1. Maria und Peter gehen ins Kino. → __ gehen ins Kino.
2. Der Hund läuft im Garten. → __ läuft im Garten.
3. Lisa geht heute zur Arbeit. → __ geht heute zur Arbeit.
4. Tom und ich gehen in die Stadt. → __ gehen in die Stadt.
5. Meine Freunde sind sehr nett. → __ sind sehr nett.

# Kapitel 2

# Uhrzeit und Verabredung

## Die Uhrzeit auf Deutsch

### Wichtige Begriffe:

- Stunde : (60 Minuten)
- Minute : (60 Sekunden)
- Uhr : Zeitangabe (z. B. 14 Uhr)
- halb : 30 Minuten vor der vollen Stunde
- Viertel : 15 Minuten

### Beispiele für Uhrzeiten:

- 08:00 : acht Uhr
- 08:15 : Viertel nach acht
- 08:30 : halb neun
- 08:45 : Viertel vor neun
- 09:00 : neun Uhr

## Frage und Antwort:

**Frage :** Wie spät ist es? / Wie viel Uhr ist es?

**Antwort :** Es ist [Uhrzeit].

## Dialog: Wann treffen wir uns?

**Person A :** Hallo! Wann treffen wir uns?

**Person B :** Um drei Uhr.

**Person A :** Super. Wo?

**Person B :** Am Bahnhof.

**Person A :** Okay, bis dann!

## Uhrzeit ablesen:

Sieh dir die Uhrzeiten an und schreibe sie in Worten:

1. 7:15
2. 12:30
3. 2:45
4. 10:05
5. 6:50
6. 9:00

### Uhrzeit in Sätzen verwenden:

Beantworte die Fragen, indem du die richtige Uhrzeit angibst.

- Wann beginnt dein Deutschkurs?(Beispielantwort: Der Deutschkurs beginnt um 9:00 Uhr.)
- Wann isst du zu Mittag?(Beispielantwort: Ich esse um 12:30 Uhr zu Mittag.)
- Wann gehst du schlafen?(Beispielantwort: Ich gehe um 23:00 Uhr schlafen.)
- Wann stehst du auf?(Beispielantwort: Ich stehe um 7:00 Uhr auf.)
- Wann beginnt der Film?(Beispielantwort: Der Film beginnt um 18:30 Uhr.)

### Uhrzeit und Tageszeiten:

Ordne die Uhrzeit der passenden Tageszeit zu (Morgen, Mittag, Nachmittag, Abend, Nacht).

- 7:00
- 13:00
- 15:30
- 18:00
- 22:00
- 3:00

### Lückentext: Uhrzeiten

Fülle die Lücken mit der richtigen Uhrzeit.

- Der Unterricht beginnt um ______ Uhr.
- Ich treffe meine Freunde um ______ Uhr.

- Der Zug fährt um ______ Uhr ab.
- Das Restaurant öffnet um ______ Uhr.
- Wir essen zu Abend um ______ Uhr.

### Fragen zur Uhrzeit:

Beantworte die Fragen zur Uhrzeit.

- Wie spät ist es jetzt?
- Wann hast du Zeit?
- Wie lange dauert dein Deutschkurs?
- Was machst du um 8:00 Uhr morgens?
- Wann ist die Mittagspause?

### Uhrzeiten in 24-Stunden-Format:

Schreibe diese Uhrzeiten in 24-Stunden-Format:

1. 10:30 AM
2. 4:45 PM
3. 11:00 AM
4. 7:15 PM
5. 3:00 PM

### Uhrzeit im Alltag:

Beschreibe, was du zu den folgenden Uhrzeiten machst.

- 7:00 Uhr
- 12:00 Uhr
- 18:00 Uhr

- 21:00 Uhr
- 23:00 Uhr

## Sachtext: Uhrzeiten im Alltag

Die Uhrzeit spielt im Alltag eine wichtige Rolle. In Deutschland ist es üblich, Verabredungen und Termine genau zu planen. Die 24-Stunden-Zeit wird oft verwendet, besonders in Fahrplänen und offiziellen Dokumenten.
Zum Beispiel bedeutet "14:30" vierzehn Uhr dreißig.

### Die Uhrzeit fragen:

- Wie spät ist es?
- Wie viel Uhr ist es?
- Kannst du mir die Uhrzeit sagen?

### Besonderheiten der Uhrzeit:

- "Viertel nach" und"viertel vor":
  - Es ist viertel nach sieben (7:15).
  - Es ist viertel vor acht (7:45).
- Halb:
  - Es ist halb neun (8:30).
- Stundenangaben:
  - Es ist zehn Uhr.
  - Es ist fünf Uhr.

## Die Uhrzeit angeben:

- Es ist eins.
- Es ist zwei Uhr.
- Es ist drei Uhr fünfundzwanzig.
- Es ist halb vier.
- Es ist viertel nach sieben.
- Es ist viertel vor acht.

## Uhrzeiten lesen:

Schreiben Sie die Uhrzeiten in Worten:

- 07:00 : ______________________________
- 12:15 : ______________________________
- 18:45 : ______________________________
- 23:30 : ______________________________

## Uhrzeiten zeichnen

Zeichnen Sie die Uhrzeit auf einer analogen Uhr:

- Viertel nach acht.
- Viertel vor drei.
- Halb acht.

## Partnerarbeit

Fragen Sie Ihren Partner nach seinen Terminen. Zum Beispiel:

A : Wann hast du Zeit für ein Treffen?

B : Ich habe um 16:00 Uhr Zeit.

## Dialoge zur Uhrzeit

### Dialog 1:

- **Person A :** Wie spät ist es?
- **Person B :** Es ist halb sechs.
- **Person A :** Danke!
- **Person B :** Kein Problem.

### Dialog 2:

- **Person A :** Wie viel Uhr ist es?
- **Person B :** Es ist viertel nach acht.
- **Person A :** Oh, danke.
- **Person B :** Gern geschehen.

### Fragen:

1. Wie viel Uhr ist es in Dialog 1 / 2?
2. Wie fragt Person A nach der Uhrzeit?

### Ein Tagesablauf – Schreibübung

**Ziel :** Einen Tagesablauf mit Uhrzeiten schreiben.

**Anleitung :** Schreibe einen kurzen Text über deinen Tagesablauf und gib die Uhrzeiten an.

**Beispiel :**

"Ich stehe um 7:00 Uhr auf. Um 8:00 Uhr beginne ich mit der Arbeit. Um 12:30 Uhr esse ich Mittag. Der Arbeitstag endet um 17:00 Uhr. Abends gehe ich um 20:00 Uhr ins Fitnessstudio und gehe um 23:00 Uhr ins Bett."

## Verabredungen in Deutschland

In Deutschland macht man oft Verabredungen, um Freunde zu treffen oder etwas zusammen zu machen. Eine Verabredung kann zum Beispiel für ein Treffen im Café, einen Spaziergang oder einen Kinobesuch sein.

Wenn man eine Verabredung machen möchte, fragt man:

- "Hast du Zeit?"
- "Wann hast du Zeit?"
- "Wollen wir uns treffen?"

Man kann auch sagen:

- "Lass uns am Samstag ins Kino gehen."
- "Wollen wir zusammen Kaffee trinken?"

Die andere Person antwortet:

- "Ja, gerne!"
- "Das passt gut."

- "Ich habe leider keine Zeit."
- "Tut mir leid, ich bin beschäftigt."

Wenn man eine Zeit und einen Ort festlegt, sagt man zum Beispiel:

- "Wir treffen uns um 15 Uhr vor dem Café."
- "Bis morgen um 18 Uhr am Bahnhof!"

Pünktlichkeit ist in Deutschland sehr wichtig. Man sollte zur Verabredung pünktlich kommen. Wenn man zu spät kommt, ruft man an oder schreibt eine Nachricht. Man sagt zum Beispiel:

- "Entschuldigung, ich komme 10 Minuten später."

### Fragen zum Text:

1. Wie fragt man, ob jemand Zeit hat?
2. Was sagt man, wenn man keine Zeit hat?
3. Was soll man tun, wenn man zu spät kommt?

### Aufgaben:

1. **Dialog schreiben** : Schreibe einen kurzen Dialog, in dem zwei Personen eine Verabredung machen.
2. **Fragen üben** : Übe mit einem Partner die Frage: "Hast du Zeit?" und antworte darauf.
3. **Rollenspiel** : Spiele eine Verabredung mit deinem Partner. Eine Person macht einen Vorschlag, und die andere Person stimmt zu oder lehnt ab.

## Die Wochentage in Deutschland

In Deutschland gibt es sieben Wochentage. Der erste Tag der Woche ist der **Montag.** Viele Menschen gehen an diesem Tag zur Arbeit oder in die Schule.

Der **Dienstag** ist der zweite Tag der Woche. Auch an diesem Tag arbeiten die meisten Menschen.

Am **Mittwoch**, dem dritten Tag der Woche, sagen viele Menschen:"Die Woche ist halb vorbei." Deshalb nennt man ihn manchmal auch"Bergfest".

Der **Donnerstag** ist der vierte Wochentag. Manche Menschen kaufen an diesem Tag ein oder machen Sport.

Der **Freitag** ist der fünfte Tag der Woche. Viele freuen sich auf das Wochenende, das nach dem Freitag beginnt.

Der **Samstag** ist der erste Tag des Wochenendes. Viele Menschen schlafen länger, gehen einkaufen oder machen Ausflüge.

Der **Sonntag** ist der letzte Tag der Woche. An diesem Tag haben die meisten Geschäfte geschlossen. Viele Menschen ruhen sich aus, gehen spazieren oder besuchen die Familie.
Nach dem Sonntag beginnt die Woche wieder mit dem Montag.

## Fragen zum Text:

1. Wie viele Wochentage gibt es in Deutschland?
2. Was machen viele Menschen am Montag?
3. Welcher Wochentag wird manchmal "Bergfest" genannt?
4. Welcher Tag ist der erste Tag des Wochenendes?
5. Was machen viele Menschen am Sonntag?

## Aufgaben:

1. Schreibe die Wochentage in der richtigen Reihenfolge auf.
2. Schreibe, was du an jedem Tag der Woche machst.
3. Übe mit einem Partner, die Wochentage laut vorzulesen.

## Lücken füllen:

Setze die Wochentage in die Lücken ein.

(**Montag, Dienstag, Mittwoch, Donnerstag, Freitag, Samstag, Sonntag**)

1. Der erste Tag der Woche ist ________.
2. Nach Dienstag kommt ________.
3. Am ________ beginnt das Wochenende.
4. Der Tag nach Donnerstag ist ________.
5. Der letzte Tag der Woche ist ________.
6. Nach Montag kommt ________.
7. Der Tag vor dem Wochenende ist ________.

## Beantworte die folgenden Fragen.

1. Welcher Tag ist der erste Tag der Arbeitswoche?

**Antwort :** ________

2. Welcher Tag ist nach Freitag?

**Antwort :** ________

3. An welchem Tag machen viele Menschen einen Wochenendausflug?

**Antwort :** ________

4. Welcher Tag ist vor Mittwoch?

**Antwort :** ________

5. Welcher Tag ist der letzte Tag der Woche?

**Antwort :** ________

### Wahr oder Falsch?

Lies die Aussagen und entscheide, ob sie wahr oder falsch sind.

1. Der Sonntag ist der erste Tag der Woche.
2. Nach Dienstag kommt Mittwoch.
3. Freitag ist ein Teil des Wochenendes.
4. Samstag ist oft ein freier Tag.
5. Donnerstag kommt vor Montag.

## Ein Wochenplan erstellen:

Schreibe für jeden Tag der Woche eine Aktivität in deinen Wochenplan. Zum Beispiel:

- Montag: Deutschkurs
- Dienstag: Einkaufen
- Mittwoch: Sport

### Wochentage in Sätzen:

Bilde eigene Sätze mit den Wochentagen. Zum Beispiel:
"Am **Montag** gehe ich in die Schule."

## Übung : Einladungen annehmen und ablehnen

### Beispiel-Dialog:

- **Person A :** Möchtest du am Wochenende mit mir ins Konzert gehen?
- **Person B :** Ja, das klingt toll! Ich komme mit.
- **Person A :** Prima, wir treffen uns um 18 Uhr.
- **Person B :** Ich freue mich!

### Beispiel-Dialog 2:

- **Person A :** Willst du morgen ins Kino gehen?
- **Person B :** Leider habe ich schon etwas anderes vor.
- **Person A :** Schade! Vielleicht ein anderes Mal.
- **Person B :** Ja, gerne.

**Übung :** **Nimm eine Einladung an oder lehne sie ab.**

### Dialogen:

1. **Person A :** Kommst du mit mir ins Schwimmbad?
2. **Person A :** Möchtest du ein Fußballspiel ansehen?
3. **Person A:** Willst du heute Abend ins Kino gehen?

**Übung :** **Erstelle einen Dialog, in dem du jemanden zu einer Freizeitaktivität einlädst :**

### Beispiel-Dialog:

- **Person A :** Was machst du am Samstag?
- **Person B :** Am Samstag gehe ich ins Kino.
- **Person A :** Oh, ich möchte auch ins Kino gehen.
- **Person B :** Komm doch mit! Wir gehen um 20 Uhr.

- Frage nach den Plänen des anderen.
- Lade ihn zu einer Aktivität ein.
- Bestimme die Zeit und den Ort.

# Kapitel 3

# Wegbeschreibung und Verkehrsmittel

## Verkehrsmittel in Deutschland

In Deutschland gibt es viele Verkehrsmittel. Man kann mit dem Auto, dem Bus, der Bahn oder dem Fahrrad fahren. Viele Menschen gehen auch zu Fuß.

### Auto:

Viele Deutsche haben ein Auto. Mit dem Auto kann man schnell und bequem reisen, aber es ist oft teuer. Man muss Benzin bezahlen, und Parkplätze sind manchmal schwer zu finden.

### Bus und Bahn:

Busse und Bahnen sind sehr praktisch. In der Stadt gibt es Straßenbahnen, U-Bahnen und S-Bahnen. Sie sind pünktlich und fahren oft. Auf dem Land fahren die Busse und Bahnen nicht so oft.

### Fahrrad:

Das Fahrrad ist in Deutschland sehr beliebt. Es ist umweltfreundlich und gesund. Es gibt viele Fahrradwege in den Städten.

### Zu Fuß gehen:

Viele Menschen gehen gerne zu Fuß, vor allem in der Stadt. Man braucht kein Ticket, und es ist gut für die Gesundheit.

### Tickets:

Für Busse, Bahnen und Züge braucht man ein Ticket. Ein Ticket kann man am Automaten, online oder in der App kaufen. Ohne Ticket muss man eine Strafe bezahlen.

## Fragen zum Text:

1. Welche Verkehrsmittel gibt es in Deutschland?
2. Warum ist das Fahrrad in Deutschland beliebt?
3. Wo kann man ein Ticket kaufen?
4. Warum ist ein Auto manchmal unpraktisch?

## Aufgaben:

1. **Wortschatz :** Schreibe die Verkehrsmittel aus dem Text auf und finde passende Bilder dazu.

2. **Dialog üben** : Spiele mit einem Partner einen Dialog. Eine Person fragt: "Wie fährst du zur Schule?" Die andere Person antwortet.

3. **Vergleichen** : Schreibe, welches Verkehrsmittel du in deinem Land oft benutzt und warum.

4. **Planen** : Plane eine Reise mit Bus oder Bahn in Deutschland. Schreibe auf, welches Verkehrsmittel du nimmst, wann du losfährst und wie viel das Ticket kostet.

## Auf der Straße fragen

**Situation** : Du bist in einer fremden Stadt und möchtest den Weg zu einem bekannten Ort finden.

**Übung :**

- Du fragst nach dem Weg zu einem bekannten Gebäude oder einem Platz.
- Du verstehst die Antwort und wiederholst sie, um sicherzugehen.

**Beispiel-Dialog:**

- **Passant** : "Entschuldigung, wo ist der Bahnhof?"
- **Du** : "Gehen Sie geradeaus und dann links. Der Bahnhof ist auf der rechten Seite."
- **Passant** : "Danke, also geradeaus und dann links. Vielen Dank!"
- **Du** : "Gern geschehen!"

## Wortschatz: Verkehrsmittel und Reisen

Verkehrsmittel:

- das Auto
- der Bus
- die Straßenbahn
- die U-Bahn
- der Zug
- das Fahrrad
- zu Fuß

Reiseziele:

- das Land
- die Stadt
- das Dorf
- der Bahnhof
- die Haltestelle
- Der Ausflug
- der Campingplatz

## Grammatik:
## Der Dativ nach Präpositionen

Im Zusammenhang mit Verkehrsmitteln verwenden wir oft den Dativ. Hier sind einige wichtige Präpositionen, die den Dativ verlangen:

mit / nach / zu / aus / von

**Beispiele:**

- Ich fahre mit dem Auto.
- Wir fliegen nach Berlin.
- Wir gehen zu deinem Haus.
- Er kommt aus Deutschland.
- Die Haltestelle ist von hier nicht weit.

## Grammatik:
## Verben der Fortbewegung

Es gibt viele Verben, die man benutzt, wenn man über Fortbewegung oder Reisen spricht. Hier sind einige der wichtigsten:

- fahren
- gehen
- laufen
- reisen
- fahren mit dem Zug
- fahren mit dem Bus

- nehmen
- abfahren
- ankommen

**Beispiele:**

- Ich fahre mit dem Bus.
- Wir fliegen nach Paris.
- Er kommt mit dem Zug.
- Wir reisen nach Italien.

**Beispiel-Dialog:**

- **Person A :** Wie kommst du zur Arbeit?
- **Person B :** Ich fahre mit dem Bus.
- **Person A :** Und wie lange dauert das?
- **Person B :** Es dauert ungefähr 30 Minuten.

## Übung : Nach dem Weg fragen

**Ziel :** Fragen nach dem Weg und den richtigen Verkehrsmitteln.

**Beispiel-Dialog:**

- **Person A :** Entschuldigung, wie komme ich zum Bahnhof?
- **Person B :** Gehen Sie geradeaus und dann links. Der Bahnhof ist auf der rechten Seite.
- **Person A :** Vielen Dank!

**Übung :** **Vervollständige den Dialog:**

- **Person A :** Entschuldigung, wie komme ich zum __?
- **Person B :** Gehen Sie __ und dann __ .
- **Person A :** Vielen Dank!

**Übung :** **Schreibe einen Dialog, in dem du nach dem Weg zur U-Bahn-Station fragst.**

## Grammatik: Der Akkusativ mit Präpositionen

Manchmal wird der Akkusativ nach bestimmten Präpositionen verwendet. Hier sind die wichtigsten Präpositionen mit Akkusativ:

- durch
- für
- gegen
- ohne
- um

**Beispiele:**

- Wir fahren **durch** den Tunnel.
- Ich fahre **für** meine Arbeit nach Berlin.
- Ich laufe **gegen** die Sonne.

- Sie fährt **ohne** ihren Bruder.
- Wir gehen **um** den Park.

## Übung : Fahrkarten kaufen

**Ziel :** Eine Fahrkarte kaufen und nach Preisen fragen.

### Beispiel-Dialog:

- **Person A :** Guten Tag, ich möchte eine Fahrkarte nach München kaufen.
- **Schalterbeamter :** Welche Klasse möchten Sie?
- **Person A :** 2. Klasse, bitte.
- **Schalterbeamter :** Das kostet 50 Euro. Möchten Sie eine Rückfahrkarte?
- **Person A :** Ja, bitte.

## Übung : Verkehr und Umwelt

**Zie l :** Über umweltfreundliche Verkehrsmittel sprechen.

### Beispiel-Dialog:

- **Person A :** Fährst du oft mit dem Auto?
- **Person B :** Nein, ich fahre lieber mit dem Fahrrad.
- **Person A :** Das ist gut für die Umwelt!
- **Person B :** Ja, und es macht Spaß.

## Dialog : Verkehrsmittel in Deutschland

**Anna :** Hallo, Peter! Wie fährst du zur Arbeit?

**Peter :** Hallo, Anna! Ich fahre mit dem Fahrrad. Und du?

**Anna :** Ich nehme die U-Bahn. Sie ist schnell und praktisch.Peter: Fährst du jeden Tag mit der U-Bahn?

**Anna :** Ja, meistens. Aber manchmal gehe ich auch zu Fuß, wenn das Wetter schön ist.

**Peter :** Oh, das ist toll! Ich mag auch Fahrrad fahren. Es ist gut für die Gesundheit.

**Anna :** Stimmt. Und es ist umweltfreundlich. Benutzt du auch den Bus oder die Bahn?

**Peter :** Nein, selten. Der Bus kommt nicht so oft in meinem Dorf.

**Anna :** Verstehe. Zum Glück gibt es in der Stadt viele Verkehrsmittel.

### Fragen zum Dialog:

1. Wie fährt Peter zur Arbeit?
2. Warum nimmt Anna die U-Bahn?
3. Was macht Anna, wenn das Wetter schön ist?
4. Warum mag Peter Fahrrad fahren?
5. Warum benutzt Peter selten den Bus?

### Aufgaben:

1. **Ergänzen :** Ergänze den Dialog mit einem eigenen Verkehrsmittel. Schreibe, wie du zur Arbeit oder zur Schule fährst.
2. **Fragen üben :** Frage einen Partner: "Wie fährst du zur Arbeit?" oder "Wie kommst du zur Schule?" und antworte.

3. **Rollenspiel** : Spiele den Dialog mit einem Partner und ändere die Verkehrsmittel.

## Post in Deutschland

In Deutschland gibt es viele Postfilialen. Hier kann man Briefe und Pakete verschicken. Die Post heißt "Deutsche Post".

**Briefe verschicken:**

Wenn man einen Brief verschicken möchte, braucht man einen Briefumschlag und eine Briefmarke. Die Briefmarke klebt man oben rechts auf den Umschlag. Dann schreibt man die Adresse des Empfängers auf den Umschlag. Den Brief wirft man in einen gelben Briefkasten.

**Pakete verschicken:**

Pakete kann man in der Postfiliale abgeben. Man braucht eine Paketmarke. Diese kann man in der Filiale oder online kaufen.

**Post bekommen:**

Die Post kommt in Deutschland meistens am Vormittag. Der Briefträger bringt Briefe und Pakete. Wenn niemand zu Hause ist, kann man das Paket später in der Postfiliale abholen.

### Andere Dienstleistungen:

In der Postfiliale kann man auch Geld schicken, Rechnungen bezahlen oder Briefmarken kaufen.

### Fragen zum Text:

1. Wie heißt die Post in Deutschland?
2. Was braucht man, um einen Brief zu verschicken?
3. Wo gibt man ein Paket ab?
4. Was passiert, wenn niemand zu Hause ist, um ein Paket anzunehmen?
5. Welche anderen Dienstleistungen bietet die Post?

**Übung : Übe mit einem Partner, wie man nach einer Postfiliale fragt. Zum Beispiel : "Entschuldigung, wo ist die nächste Post?"**

**Kreative Aufgabe :** Schreibe, wie du einen Brief oder ein Paket verschicken würdest. Was brauchst du, und was machst du?

### Dialog: Bei der Post

**Kunde :** Guten Tag!

**Mitarbeiter :** Guten Tag! Wie kann ich Ihnen helfen?

**Kunde :** Ich möchte einen Brief nach Korea schicken.

**Mitarbeiter :** Kein Problem. Haben Sie eine Briefmarke?

**Kunde :** Nein, ich brauche eine Briefmarke.

**Mitarbeiter :** Der Brief nach Korea kostet 1,20 Euro.

**Kunde :** Okay, ich nehme eine Briefmarke.

**Mitarbeiter :** Hier ist die Briefmarke. Möchten Sie den Brief gleich hier einwerfen?

**Kunde :** Ja, gerne. Wo ist der Briefkasten?

**Mitarbeiter :** Der Briefkasten ist gleich dort an der Wand.

**Kunde :** Vielen Dank für Ihre Hilfe!

**Mitarbeiter :** Gern geschehen! Schönen Tag noch!

**Kunde :** Danke, Ihnen auch!

### Fragen zum Dialog:

1. Wohin möchte der Kunde den Brief schicken?
2. Wie viel kostet die Briefmarke nach Korea?
3. Was fragt der Mitarbeiter, nachdem er die Briefmarke gibt?
4. Wo ist der Briefkasten in der Post?

## Aufgaben:

1. **Dialog üben :** Spiele den Dialog mit einem Partner. Ändere das Ziel für den Brief, zum Beispiel "nach Japan" oder "nach Frankreich".
2. **Neue Situation :** Schreibe einen Dialog, in dem jemand ein Paket verschicken möchte.
3. **Rollenspiel :** Übe mit einem Partner, wie man in der Post nach einer Briefmarke fragt. Zum Beispiel: "Entschuldigung, wie viel kostet eine Briefmarke nach Spanien?"

# Deutsche Adressen

In Deutschland haben Adressen eine feste Reihenfolge. Eine Adresse besteht aus dem Namen, der Straße mit Hausnummer, der Postleitzahl und der Stadt.

## Wie sieht eine Adresse aus?

Hier ist ein Beispiel:

Anna Müller
Bahnhofstraße 10
12345 Berlin

- **Name :** Der Name der Person, die den Brief oder das Paket bekommen soll.
- **Straße und Hausnummer :** Der Name der Straße und die Hausnummer des Hauses. Die Hausnummer steht hinter dem Straßennamen.
- **Postleitzahl (PLZ) :** Die Postleitzahl besteht aus fünf Zahlen. Sie zeigt, in welchem Ort oder Stadtteil die Adresse ist.
- **Stadt :** Der Name der Stadt oder des Ortes.

## Wo schreibt man die Adresse?

- Auf einem Briefumschlag schreibt man die Adresse des Empfängers (die Person, die den Brief bekommt) unten rechts.
- Oben links kann man die eigene Adresse schreiben. Das ist der Absender (die Person, die den Brief verschickt).

## Beispiel für einen Briefumschlag:

**Absender:**
Anna Schmidt
Gartenweg 5
54321 Hamburg

**Empfänger:**
Peter Braun
Hauptstraße 20
98765 München

## Wichtig:

- Die Adresse muss genau und richtig sein.
- Ohne Postleitzahl und Stadt kommt der Brief nicht an.

## Fragen zum Text:

1. Was gehört zu einer deutschen Adresse?
2. Wo steht die Postleitzahl in der Adresse?
3. Was ist ein Absender?
4. Warum ist die Postleitzahl wichtig?

## Aufgaben:

1. **Übung :** Schreibe deine eigene Adresse auf Deutsch.
2. **Fehler finden :** Korrigiere diese Adresse:

   **Berlin 54321,**

   **Hans Meyer,**

   **Straße Hauptstraße**
3. **Rollenspiel :** Übe mit einem Partner, wie man eine Adresse fragt und sagt. Zum Beispiel: "Wie ist deine Adresse?"
4. **Kreative Aufgabe :** Male einen Briefumschlag und schreibe eine Adresse darauf.

# Kapitel 4

# Im Café / Biergarten

## Cafés in Deutschland

Cafés sind in Deutschland sehr beliebt. Hier treffen sich Menschen, um Kaffee zu trinken, Kuchen zu essen oder Zeit miteinander zu verbringen.

## Wo schreibt man die Adresse?

In einem Café kann man viele Getränke und Speisen bestellen:

- **Getränke** : Kaffee, Tee, Kakao, Limonade oder Wasser.
- **Essen** : Kuchen, Torten, Brötchen oder kleine Snacks wie Sandwiches.

Manchmal gibt es auch ein Frühstücksangebot. Das besteht oft aus Brötchen, Butter, Marmelade, Käse und Wurst.

## Wie bestellt man im Café?

Wenn man etwas bestellen möchte, sagt man:

"Ich hätte gern einen Kaffee."
"Für mich ein Stück Apfelkuchen, bitte."

Die Kellnerin oder der Kellner bringt dann die Bestellung.

## Wie bezahlt man?

Am Ende zahlt man. Man kann bar bezahlen oder manchmal auch mit Karte. Oft gibt man ein Trinkgeld. Man sagt zum
Beispiel : "Stimmt so." (Wenn man etwas mehr bezahlt, als der Betrag ist.)

## Besondere Cafés

In Deutschland gibt es viele verschiedene Arten von Cafés:

- Traditionelle Cafés : Hier gibt es oft viele Sorten Kuchen.
- Moderne Cafés : Sie bieten auch vegane oder laktosefreie Produkte an.
- Straßencafés : Im Sommer kann man draußen sitzen.

## Fragen zum Text:

1. Was kann man in einem Café trinken?
2. Was sagt man, wenn man etwas bestellen möchte?
3. Wie bezahlt man im Café?
4. Was ist ein Straßencafé?

## Lücken füllen:

Setze die passenden Wörter ein :

(Kellner, Trinkgeld, Café, bestellen, Apfelkuchen)

1. Ich gehe ins _______, um Kaffee zu trinken.
2. Ich möchte ein Stück _______ und einen Tee.
3. Der _______ bringt die Getränke.
4. Nach dem Bezahlen gibt man oft ein kleines _______.
5. Was möchtest du _______?

## Wörter ordnen:

Ordne die Wörter in die richtige Reihenfolge, um einen Satz zu bilden.

1. ich / einen Kaffee / gern / hätte / .
2. bringen / bitte / können / Sie / die Rechnung / ?
3. im Café / Kuchen / isst / Anna / gern / .
4. Bestellung / der / bringt / Kellner / die / .

### Mein Lieblingscafé:

Schreibe fünf Wörter auf, die du mit deinem Lieblingscafé verbindest. Schreibe dann einen kurzen Satz mit jedem Wort.

### Beispiel:

Kaffee – Ich trinke gern Kaffee.

### Dialog im Café

Kellnerin : Guten Tag! Was möchten Sie trinken?

Kunde : Hallo! Ich hätte gern einen Kaffee, bitte.

Kellnerin : Möchten Sie einen normalen Kaffee oder einen Cappuccino?

Kunde : Einen Cappuccino, bitte. Und dazu ein Stück Apfelkuchen.

Kellnerin : Sehr gerne. Kommt sofort.

Kellnerin : Hier ist Ihr Cappuccino und der Apfelkuchen. Möchten Sie noch etwas?

Kunde : Nein, danke. Das ist alles. Wie viel kostet es?

Kellnerin : Das macht zusammen 4,50 Euro.

Kunde : Hier sind 5 Euro. Stimmt so.

Kellnerin : Vielen Dank! Einen schönen Tag noch.

Kunde : Danke, Ihnen auch!

### Fragen zum Dialog:

1. Was möchte der Kunde trinken?
2. Was bestellt der Kunde zusätzlich zum Kaffee?
3. Wie viel kostet das?
4. Was sagt der Kunde, als er bezahlt?

### Aufgaben:

1. **Wortschatz :** Schreibe die Wörter "Cappuccino", "Apfelkuchen", "Kaffee" und "bezahlen" auf und schreibe einen Satz mit jedem Wort.
2. **Dialog üben :** Übe den Dialog mit einem Partner und tausche die Bestellungen aus.
3. **Fragen stellen :** Übe, wie man im Café fragt: "Haben Sie Kuchen?" oder "Könnte ich bitte die Rechnung bekommen?"

## Biergärten in Deutschland

Ein Biergarten ist ein besonderer Ort in Deutschland. Hier sitzen die Menschen draußen, trinken Bier und essen oft typisch deutsche Speisen. Biergärten gibt es vor allem in Bayern, aber auch in anderen Teilen von Deutschland.

## Was ist ein Biergarten?

Ein Biergarten ist ein großer Platz mit vielen Tischen und Bänken. Meistens gibt es große Bäume, die Schatten spenden. Menschen kommen hier zusammen, um sich zu treffen, zu essen und zu trinken.

## Was trinkt und isst man im Biergarten?

Im Biergarten trinkt man Bier, Wasser, Limonade oder Apfelschorle. Typische Speisen sind:

- Brezeln
- Weißwurst (eine bayerische Wurst)
- Obazda (ein Käseaufstrich)
- Bratwurst und Pommes

**Besonderheiten:**

- In manchen Biergärten kann man sein eigenes Essen mitbringen. Das ist in Bayern eine Tradition.
- Oft gibt es Musik oder einen Spielplatz für Kinder.

Man geht oft im Sommer in den Biergarten, wenn das Wetter schön ist. Die Atmosphäre ist entspannt, und die Menschen sitzen lange zusammen.

**Fragen zum Text:**

1. Was ist ein Biergarten?
2. Welche Getränke gibt es im Biergarten?
3. Was ist eine Weißwurst?
4. Kann man in jedem Biergarten sein eigenes Essen mitbringen?

**Aufgaben:**

1. **Wortschatz :** Schreibe drei typische Speisen aus dem Biergarten auf.
2. **Dialog schreiben :** Schreibe einen kurzen Dialog. Eine Person bestellt im Biergarten etwas zu essen und zu trinken.
3. **Frage üben :** Übe mit einem Partner, wie man nach dem Weg zu einem Biergarten fragt. Zum Beispiel: "Wo ist der nächste Biergarten?"

**Dialog im Biergarten**

**Kellner :** Guten Abend! Was darf ich Ihnen bringen?

**Gast 1:** Hallo! Ich hätte gern ein Bier, bitte.

**Kellner :** Möchten Sie ein Helles oder ein Dunkles?

**Gast 1:** Ein Helles, bitte. Und dazu eine Brezel.

**Gast 2 :** Ich nehme auch ein Bier, aber ein Dunkles, und eine Bratwurst mit Pommes.

**Kellner :** Sehr gut, kommt sofort.

**Kellner :** Hier sind Ihre Bestellungen: Helles Bier, Dunkles Bier, Brezel und Bratwurst mit Pommes. Möchten Sie noch etwas?

**Gast 1 :** Nein, das ist alles, danke.

**Gast 2 :** Nein, danke.

**Kellner :** Sehr gerne. Einen schönen Abend noch!

**Gast 1 und Gast 2:** Danke, Ihnen auch!

## Fragen zum Dialog:

1. Was bestellt Gast 1?
2. Was bestellt Gast 2?
3. Was isst Gast 2 mit dem Bier?
4. Was sagt der Kellner am Ende des Gesprächs?

## Aufgaben:

1. **Wortschatz :** Schreibe die Wörter "Bier", "Brezel", "Bratwurst" und "Pommes" auf und beschreibe, was du in einem Biergarten essen und trinken möchtest.
2. **Dialog üben :** Übe den Dialog mit einem Partner und tausche die Bestellungen aus.
3. **Fragen stellen :** Übe mit einem Partner, wie man nach den Getränken im Biergarten fragt. Zum Beispiel: "Haben Sie auch Apfelschorle?"

# Kapitel 5

# Im Restaurant

## Essen gehen in Deutschland

In Deutschland essen viele Menschen auswärts, aber nicht so oft wie in einigen anderen Ländern. Das Auswärtsessen ist hier oft eine besondere Gelegenheit, zum Beispiel für Feierlichkeiten oder am Wochenende.

### Wann gehen Deutsche auswärts essen?

Die meisten Deutschen gehen nicht jeden Tag ins Restaurant. Viele essen zu Hause und kochen selbst. Aber an besonderen Tagen, wie an Geburtstagen oder Feiertagen, gehen sie gerne in ein Restaurant oder Café. Auch am Wochenende treffen sich viele Menschen mit Freunden oder Familie zum Mittagessen oder Abendessen.

## Welche Arten von Restaurants gibt es?

- **Traditionelle deutsche Restaurants** bieten typische Gerichte wie Schnitzel, Wurst und Sauerkraut an.
- **Internationale Restaurants** bieten Pizza, Pasta, Sushi oder asiatische Gerichte an.
- **Fast-Food-Restaurants** wie McDonald's oder Dönerläden sind ebenfalls sehr beliebt, besonders für ein schnelles Mittagessen.
- **Cafés** sind Orte, an denen man Kuchen, Kaffee oder Frühstück essen kann.

## Warum essen Deutsche auswärts?

Es gibt verschiedene Gründe, warum Menschen in Deutschland auswärts essen:

- Es ist eine Möglichkeit, sich zu entspannen und Zeit mit anderen zu verbringen.
- Man kann neue Gerichte ausprobieren, die man zu Hause nicht kochen kann.
- Oft ist es bequemer, in einem Restaurant zu essen, besonders nach einem langen Arbeitstag.

## Fazit

Insgesamt essen viele Deutsche gerne auswärts, aber es ist nicht so häufig wie in manchen anderen Ländern. Das Auswärtsessen ist oft eine besondere Sache und wird vor allem am Wochenende oder bei besonderen Anlässen genossen.

### Fragen zum Text:

1. Warum essen viele Deutsche nicht jeden Tag auswärts?
2. Welche Arten von Restaurants gibt es in Deutschland?
3. Warum gehen Deutsche gerne auswärts essen?
4. Wann gehen viele Deutsche ins Restaurant?

### Aufgaben:

1. **Wortschatz** : Schreibe die Wörter “Restaurant”, “Schnitzel”, “Feierlichkeiten” und “Fast-Food” auf und bilde einen Satz mit jedem Wort.
2. **Dialog üben** : Schreibe einen kurzen Dialog. Eine Person fragt, ob die andere am Wochenende ins Restaurant gehen möchte.
3. **Fragen stellen** : Übe mit einem Partner, wie man fragt, ob jemand gerne auswärts isst. Zum Beispiel: “Geht ihr oft ins Restaurant?”
4. **Kreative Aufgabe** : Schreibe auf, in welchem Restaurant du gerne essen gehst und was du dort bestellst

## Wortschatzübungen zum Thema Restaurant

### Lücken füllen:

Setze die richtigen Wörter in die Lücken ein.
(Speisekarte, bestellen, Rechnung, Kellner, Nachtisch, Gast, Kellnerin, trinken, bezahlen, bestellen, Speisekarte)

Wir bekommen zuerst die ________.
Ich möchte einen Kaffee ________.
Der ________ bringt das Essen.
Am Ende fragt der ________ nach der ________.
Nach dem Hauptgericht esse ich gern einen ________.
Die ________ gibt uns die ________.
Wir müssen noch ________.
Ich möchte gerne ein Glas Wasser ________.
Am Ende möchte ich die ________.

### Kategorisieren:

Ordne die Wörter in die richtige Kategorie : Getränke, Essen, Personal

Wasser, Schnitzel, Tee, Cola, Brezel, Gast, Pizza, Servicekraft, Torte, Pommes, Saft, Bratwurst, Sandwich, Koch, Apfelschorle, Pasta, Kellner, Wein, Salat, Limonade, Restaurantleiter, Kaffee, Kellnerin, Suppe

## Dialog im Restaurant

**Kellnerin :** Guten Abend! Herzlich willkommen im Restaurant. Haben Sie schon einen Tisch reserviert?

**Gast :** Nein, wir haben keinen Tisch reserviert. Gibt es noch einen freien Tisch für zwei Personen?

**Kellnerin :** Ja, bitte folgen Sie mir. Hier ist ein Tisch für Sie. Möchten Sie die Speisekarte?

**Gast :** Ja, bitte. Danke.

**Kellnerin :** Gerne! Haben Sie schon entschieden, was Sie essen möchten?

**Gast :** Ich hätte gerne die Suppe als Vorspeise und das Schnitzel mit Pommes als Hauptgericht.

**Gast 2 :** Ich nehme auch die Suppe und danach das Schnitzel mit Salat.

**Kellnerin :** Sehr gut. Und was möchten Sie trinken?

**Gast:** Ich nehme ein Glas Wein, bitte.

**Gast 2 :** Ich hätte gern ein Wasser.

**Kellnerin :** Alles klar, ich bringe Ihre Bestellungen gleich.

**Kellnerin :** Hier sind Ihre Vorspeisen und die Getränke. Guten Appetit!

**Gast :** Danke!

**Gast :** Wir würden gerne bezahlen.

**Kellnerin :** Natürlich, ich bringe Ihnen die Rechnung. Möchten Sie bar oder mit Karte bezahlen?

**Gast 2 :** Mit Karte, bitte.

**Kellnerin :** Vielen Dank. Einen schönen Abend noch!

## Fragen zum Dialog:

1. Was bestellt Gast 1?
2. Was bestellt Gast 2?
3. Was trinken die Gäste?
4. Wie bezahlen sie?

## Aufgaben:

**Wortschatz :** Schreibe die Wörter "Speisekarte", "Schnitzel", "Rechnung" und "Trinken" auf und bilde einen Satz mit jedem Wort.

**Dialog üben :** Übe den Dialog mit einem Partner und tausche die Bestellungen aus.

**Fragen stellen :** Übe, wie man im Restaurant nach der Rechnung fragt.

**Zum Beispiel :** "Könnte ich bitte die Rechnung bekommen?"

**Kreative Aufgabe :** Schreibe einen Dialog, in dem du eine Vorspeise und ein Hauptgericht bestellst.

## Kurze Dialoge im Restaurant

### Dialog: Bestellung der Getränke

**Kellner :** Guten Tag! Was möchten Sie trinken?

**Gast :** Ich hätte gerne ein Glas Wasser.

**Kellner :** Möchten Sie stilles oder sprudelndes Wasser?

**Gast :** Stilles Wasser, bitte.

**Kellner :** Kommt sofort.

### Dialog: Bestellung des Hauptgerichts

**Kellnerin :** Was möchten Sie essen?

**Gast :** Ich nehme das Schnitzel mit Pommes.

**Kellnerin :** Möchten Sie noch einen Salat dazu?

**Gast :** Ja, einen kleinen Salat, bitte.

**Kellnerin :** Sehr gerne. Ihre Bestellung kommt gleich.

### Dialog: Nach der Rechnung fragen

**Gast :** Entschuldigung, könnten wir bitte die Rechnung haben?

**Kellner :** Natürlich, kommt sofort.

**Gast :** Vielen Dank.

**Kellner :** Sie können auch mit Karte bezahlen.

### Dialog: Bestellung der Vorspeise

**Kellnerin :** Was möchten Sie als Vorspeise?

**Gast :** Ich nehme die Tomatensuppe, bitte.

**Kellnerin :** Sehr gut, und für den Hauptgang?

**Gast :** Ich nehme das Rindersteak mit Kartoffeln.

### Dialog: Um eine Empfehlung bitten

**Gast :** Was empfehlen Sie heute?

**Kellner :** Unsere Spezialität des Hauses ist das Rindersteak mit Pfifferlingen.

**Gast :** Das klingt gut. Ich nehme das Steak.

### Dialog: Nach vegetarischen Optionen fragen

**Gast :** Haben Sie auch vegetarische Gerichte?

**Kellnerin :** Ja, wir haben einen vegetarischen Burger und eine Gemüsesuppe.

**Gast :** Ich nehme den vegetarischen Burger, bitte.

### Dialog: Nach Nachspeise fragen

**Gast :** Haben Sie auch Nachtisch?

**Kellner :** Ja, wir haben Tiramisu und Apfelstrudel.

**Gast :** Ich nehme den Apfelstrudel, bitte.

## Fragen zu den Dialogen:

1. Was bestellt der Gast im ersten Dialog?
2. Was empfiehlt der Kellner im Dialog über die Empfehlung?
3. Was fragt der Gast im Dialog über die Rechnung?
4. Welche Vorspeise bestellt der Gast im vierten Dialog?

## Aufgaben:

**Wortschatz :** Schreibe die Wörter "Nachtisch", "Vorspeise", "Kellnerin" und "Rechnung" auf und bilde einen Satz mit jedem Wort.

**Dialog üben :** Übe die Dialoge mit einem Partner und tausche die Bestellungen aus.

Kreative Aufgabe : Erfinde einen Dialog, in dem du nach einem vegetarischen Gericht und einem Dessert fragst.

## Im Restaurant - Bestellen

Kellner : Guten Tag, was möchten Sie essen?
Gast : Ich hätte gern eine Pizza Margherita und ein Glas Cola.
Kellner : Möchten Sie etwas dazu?
Gast : Nein, danke.

### Fragen:

1. Was möchte der Gast essen?
2. Was möchte der Gast trinken?
3. Bestellt der Gast noch etwas anderes?

**Übung :** **Schreibe einen Dialog, in dem du in einem Restaurant eine Bestellung aufgibst. Achte auf Höflichkeitsformen und die korrekte Verwendung von Artikeln und Pluralformen.**

### Beispiel-Dialog:

Kellner : Guten Abend, was möchten Sie bestellen?
Gast : Ich hätte gern ein Schnitzel mit Pommes.
Kellner : Möchten Sie etwas trinken?
Gast : Ja, ein Glas Wasser, bitte.

## Übung : Fragen nach Zutaten

**Ziel** : Fragen nach Zutaten und Nahrungsmittelallergien üben.

### Beispiel-Dialog:

**Gast** : Entschuldigung, was ist in diesem Salat?

**Kellner** : Der Salat enthält Tomaten, Gurken und Oliven.

**Gast** : Gibt es Nüsse im Dessert?

**Kellner** : Nein, es gibt keine Nüsse.

## Übung : Vervollständige den Dialog:

- **Gast** : Entschuldigung, enthält das Gericht ___?
- **Gast** : Sind in der Suppe ___?
- **Gast** : Ich habe eine Allergie gegen ___, ist das ein Problem?

### Lücken füllen:

Setze die richtigen Wörter und **"möchte"** in die Lücken ein, um die Sätze zu vervollständigen.

**(Kaffee, Pizza, Wasser, Schnitzel, Salat, Cola)**

Ich ________ einen ________.

Du ________ einen ________.

Wir ________ einen ________.

Er ________ ein Glas ________.

Sie ________ einen ________.

Ihr ________ einen ________.

### Sätze umschreiben:

Schreibe die folgenden Sätze um, indem du "möchte" verwendest.

### Beispiel:

Ich Pizza essen. → Ich möchte eine Pizza essen.

1. Thomas Stück Kuchen. → ________
2. Sie Glas Wasser. → ________
3. Ich ins Kino. → ________
4. Wir Tasse Tee. → ________
5. Ihr Apfel. → ________

### Ergänzen:

Ergänze die Sätze mit "ich möchte" und einer passenden Auswahl an Wörtern.

(einen Salat, eine Tasse Kaffee, einen Apfel, ein Stück Kuchen, ein Glas Wasser)

__________ trinken.

__________ essen.

__________ haben.

__________ bestellen.

__________ genie ß en.

**Fragen mit "möchte":**

Beantworte die folgenden Fragen mit "Ich möchte" und einer passenden Antwort.

Was möchtest du zum Frühstück essen?

**Antwort:** ______________________

Was möchtest du trinken?

**Antwort:** ______________________

Was möchtest du heute machen?

**Antwort:** ______________________

Was möchtest du im Restaurant bestellen?

**Antwort:** ______________________

Was möchtest du als Nachtisch?

**Antwort:** ______________________

**Satzstellung üben:**

Setze die Wörter richtig zusammen, um einen Satz mit "ich möchte" zu bilden.

Kaffee / ich / eine / möchte / trinken

ins / möchte / gehen / ich / Kino

ein / haben / Wasser / ich / Glas / möchte

ein / Stück / möchte / Kuchen / ich

heute / machen / möchte / ich / einkaufen

# Tischmanieren in Deutschland

In Deutschland sind gute Tischmanieren wichtig. Sie zeigen Respekt für andere Menschen. Hier sind einige Regeln:

## Vor dem Essen

Man wartet, bis alle am Tisch sitzen. Oft sagt jemand "Guten Appetit!". Dann beginnt man zu essen.

## Benutze Messer und Gabel

In Deutschland isst man meistens mit Messer und Gabel. Die Gabel ist in der linken Hand, das Messer in der rechten Hand. Man schneidet das Essen und isst kleine Stücke.

## Keine Ellbogen auf dem Tisch

Es ist unhöflich, die Ellbogen auf den Tisch zu legen. Die Hände sollen aber sichtbar sein.

## Nicht schmatzen oder schlürfen

Man isst leise. Geräusche wie Schmatzen oder Schlürfen sind unhöflich.

## Nach dem Essen

Wenn man fertig ist, legt man Messer und Gabel nebeneinander auf den Teller. So zeigt man, dass man satt ist.
Mit diesen Regeln kann man in Deutschland einen guten Eindruck machen. Viel Erfolg!

**Fragen zum Text:**

1. Was sagt man oft, bevor man mit dem Essen beginnt?
2. Wie hält man Messer und Gabel in Deutschland?
3. Welche Geräusche sollte man beim Essen vermeiden?
4. Wo legt man Messer und Gabel hin, wenn man fertig ist?

# Kapitel 6

# Einkaufen und Lebensmittel

## Wo gehen Deutsche Lebensmittel einkaufen?

In Deutschland gibt es viele verschiedene Orte, an denen man Lebensmittel kaufen kann. Die meisten Menschen gehen regelmäßig einkaufen, um frische Produkte für die Woche zu besorgen.

### Supermärkte

Die meisten Deutschen kaufen ihre Lebensmittel in **Supermärkten.** Supermärkte gibt es in fast jeder Stadt und in vielen kleinen Dörfern. Bekannte Supermärkte in Deutschland sind zum Beispiel **Edeka, Rewe, Aldi, Lidl** und **Penny**. In Supermärkten kann man alles kaufen, was man für den Alltag braucht: Brot, Obst, Gemüse, Milchprodukte, Fleisch und vieles mehr.

## Wochenmärkte

Neben Supermärkten gibt es auch **Wochenmärkte**, die meistens einmal pro Woche auf großen Plätzen stattfinden. Auf diesen Märkten verkaufen lokale Bauern und Händler frische Produkte wie Obst, Gemüse, Käse, Wurst und Blumen. Viele Menschen gehen gerne auf den Wochenmarkt, weil sie dort frische und oft auch regionale Produkte kaufen können.

## Bioläden

In den letzten Jahren sind auch **Bioläden** immer beliebter geworden. In Bioläden kann man **Bio-Lebensmittel** kaufen. Diese Produkte werden ohne Chemikalien oder künstliche Zusätze hergestellt. Bekannte Bioläden sind **Alnatura** und **Reformhaus.**

## Discounter

Viele Deutsche kaufen auch in **Discountern** wie **Aldi** oder **Lidl** ein. Discounter bieten Lebensmittel zu günstigeren Preisen an, sind aber oft kleiner als Supermärkte. Sie haben eine kleinere Auswahl, aber die Preise sind niedriger.

## Einkaufen im Internet

Immer mehr Menschen in Deutschland kaufen auch **Lebensmittel online**. Es gibt viele Websites und Apps, bei denen man Lebensmittel bestellen kann, die dann nach Hause geliefert werden. Das ist besonders praktisch, wenn man wenig Zeit hat oder keine Lust auf den Einkauf im Geschäft.

### Fragen zum Text:

1. Wo kaufen viele Deutsche ihre Lebensmittel?
2. Was kann man auf einem Wochenmarkt kaufen?
3. Was ist das Besondere an Bioläden?
4. Wie sparen viele Deutsche beim Einkaufen?

### Aufgaben:

**Wortschatz :** Schreibe die Wörter "Supermarkt", "Wochenmarkt", "Bioladen" und"Discounter" auf und bilde einen Satz mit jedem Wort.

**Dialog üben :** Übe mit einem Partner, wie man nach dem Weg zum nächsten Supermarkt fragt.

**Fragen stellen :** Übe mit einem Partner, welche Lebensmittel man gerne auf einem Wochenmarkt kaufen würde.

**Kreative Aufgabe :** Schreibe eine kurze Geschichte darüber, wie du einen typischen Einkauf in einem Supermarkt machst.

## Im Supermarkt

**Situation :** Du bist im Supermarkt und möchtest verschiedene Produkte kaufen.

### Übung :

1. Du fragst nach dem Weg zu einem bestimmten Produkt.
2. Du kaufst Lebensmittel und fragst nach Preisen oder Angeboten.
3. Du bezahlst an der Kasse und übst die Begrüßung und Verabschiedung.

### Beispiel-Dialog:

**Kunde :** "Entschuldigung, wo finde ich das Brot?"

**Verkäufer :** "Das Brot ist im Gang 3, auf der rechten Seite."

**Kunde :** "Danke! Wie viel kostet der Apfel?"

**Verkäufer :** "Der Apfel kostet 2,50 Euro."

**Kunde :** "Ich nehme zwei Äpfel, bitte. Kann ich mit Karte bezahlen?"

**Verkäufer :** "Ja, das geht."

**Kunde :** "Danke und einen schönen Tag noch!"

## Wortschatz : Lebensmittel

| **Gemüse :** | **Obst :** |
|---|---|
| die Karotte<br>die Kartoffel<br>der Salat<br>die Tomate<br>die Gurke<br>der Brokkoli<br>der Paprika | der Apfel<br>die Banane<br>die Orange<br>die Birne<br>die Traube<br>die Zitrone<br>die Erdbeere |
| **Fleisch und Fisch :** | **Getränke :** |
| das Hähnchen<br>das Schweinefleisch<br>das Rindfleisch<br>der Fisch<br>die Wurst<br>der Schinken<br>der Lachs | das Wasser<br>der Saft<br>die Limonade<br>das Bier<br>der Wein<br>der Kaffee<br>der Tee |
| **Sonstiges :** | |
| das Brot<br>die Butter<br>die Milch<br>der Käse<br>der Joghurt<br>der Reis | |

## Grammatik:
## Bestimmter und unbestimmter Artikel

### Der, die, das (bestimmter Artikel):

Der Apfel

Die Banane

Das Brot

### Ein, eine (unbestimmter Artikel):

Ein Apfel

Eine Banane

Ein Brot

**Übung :** Setze den richtigen unbestimmten Artikel ein:

### Artikel ein:

1. _____ Tomate
2. _____ Hähnchen
3. _____ Käse
4. _____ Milch
5. _____ Reis
6. _____ Kuchen

# Grammatik: Pluralformen von Nomen

**Beispiele für Pluralformen:**

der Apfel → die Äpfel

die Banane → die Bananen

das Brot → die Brote

der Fisch → die Fische

die Tomate → die Tomaten

**Übung : Bilde den Plural der folgenden Wörter:**

1. der Apfel
2. die Kartoffel
3. das Gemüse
4. der Käse
5. die Wurst
6. der Saft

**Übung : Im Supermarkt – Dialoge**

**Beispiel-Dialog 1:**

**Kunde :** Guten Tag, haben Sie Äpfel?

**Verkäufer :** Ja, die Äpfel sind dort drüben.

**Kunde :** Danke! Wie viel kosten sie?

**Verkäufer :** Ein Kilo Äpfel kostet 3 Euro.

### Beispiel-Dialog 2:

**Kunde :** Guten Morgen! Ich hätte gern ein Brot und 500 Gramm Wurst.

**Verkäufer :** Ein Brot kostet 2,50 Euro. Die Wurst kostet 5,80 Euro.

**Kunde :** Gut, dann nehme ich beides.

**Übung :** **Erstelle einen Dialog, in dem du im Supermarkt nach Preisen fragst und Lebensmittel kaufst.**

**Übung :** **Einkaufsliste**

**Ziel :** Eine Einkaufsliste erstellen.

**Anleitung :** Schreibe eine Einkaufsliste für die nächste Woche.

### Beispiel-Einkaufsliste:

1 Kilo Äpfel
2 Bananen
1 Packung Butter
1 Liter Milch
500 Gramm Reis
1 Laib Brot

**Übung :** **Rollenspiel – Einkaufen im Supermarkt**

**Ziel :** Ein Gespräch im Supermarkt üben.

**Anleitung** : Arbeite mit einem Partner und spiele ein Gespräch im Supermarkt nach. Einer spielt den Verkäufer, der andere den Kunden. Nutzt Vokabeln und Ausdrücke aus diesem Kapitel.

**Beispiel:**

**Kunde** : Guten Tag, ich möchte 3 Äpfel und 1 Packung Milch.

**Verkäufer** : Die Äpfel kosten 2,50 Euro. Die Milch kostet 1,20 Euro.

**Kunde** : Wie viel kostet alles zusammen?

**Verkäufer** : Zusammen sind das 3,70 Euro.

**Übung :** **Ordne die folgenden Sätze so, dass sie eine logische Reihenfolge beim Einkaufen ergeben.**

**Sätze:**

A. Ich bezahle an der Kasse.

B. Ich gehe in den Supermarkt.

C. Ich nehme meine Einkäufe und gehe nach Hause.

D. Ich hole einen Einkaufswagen.

E. Ich suche die Lebensmittel im Regal.

F. Ich stelle die Sachen auf das Kassenband.

G. Ich gehe nach Hause und lege die Sachen in den Kühlschrank.

**Fragen zum Text:**

1. Was machst du zuerst, wenn du in den Supermarkt gehst?
2. Was musst du tun, bevor du deine Einkäufe bezahlen kannst?
3. Wohin gehst du nach dem Einkaufen?

# Die Bäckerei in Deutschland

In Deutschland gehen viele Menschen jeden Tag in die **Bäckerei**, um frisches Brot oder Brötchen zu kaufen. Bäckereien gibt es in fast jeder Stadt und in vielen Dörfern. Sie sind ein wichtiger Teil des täglichen Lebens.

## Was gibt es in einer Bäckerei?

In einer Bäckerei kann man viele verschiedene **Backwaren** kaufen. Das bekannteste Produkt ist das **Brot**. In Deutschland gibt es viele verschiedene Brotsorten, zum Beispiel **Weißbrot**, **Vollkornbrot** und **Roggenbrot**. Sehr beliebt sind auch die **Brötchen**. Sie sind klein und rund und werden oft zum Frühstück gegessen.
Zusätzlich kann man in der Bäckerei **Kuchen** und **Plätzchen** finden. Besonders am Wochenende kaufen viele Menschen einen **Kuchen** für den Kaffeetisch. Beliebte Kuchen sind zum Beispiel **Apfelkuchen** oder **Käsekuchen**.

## Die Öffnungszeiten der Bäckerei

Bäckereien öffnen in der Regel sehr früh am Morgen, oft schon um **5 Uhr** oder **6 Uhr**, damit die Menschen frisches Brot zum Frühstück kaufen können. Viele Bäckereien haben auch am **Sonntag** geöffnet, aber oft nur bis zum Mittag.

## Wie bestellt man in der Bäckerei?

In der Bäckerei geht man zum Theke und sagt, was man möchte. Zum Beispiel: "Ich hätte gerne zwei Brötchen" oder "Ein Stück Apfelkuchen, bitte". Die Verkäuferin oder der Verkäufer verpackt die Waren in eine Tüte, und man bezahlt an der Kasse.

### Fragen zum Text:

1. Was kann man in einer Bäckerei kaufen?
2. Wann öffnen Bäckereien in der Regel?
3. Wie bestellt man in einer Bäckerei?
4. Was ist ein beliebter Kuchen in Deutschland?

### Aufgaben:

**Wortschatz :** Schreibe die Wörter"Bäckerei","Brötchen","Kuchen" und"Theke" auf und bilde einen Satz mit jedem Wort.

**Dialog üben :** Übe mit einem Partner, wie man in der Bäckerei einkauft.

**Kreative Aufgabe :** Schreibe eine kurze Geschichte, wie du in die Bäckerei gehst und etwas einkaufst.

### Wahr oder Falsch?

Lies die Aussagen und entscheide, ob sie richtig oder falsch sind.

1. In einer Bäckerei gibt es meistens Pizza.
2. Brötchen sind meistens klein und rund.
3. Croissants sind in Frankreich sehr bekannt.
4. In einer Bäckerei gibt es keine Kekse.
5. Baguette ist ein sehr langes und dünnes Brot.

# Produkte einer deutschen Bäckerei

| Brote | Brötchen |
|---|---|
| Weißbrot<br>Vollkornbrot<br>Roggenbrot<br>Bauernbrot<br>Dinkelbrot<br>Toastbrot<br>Kastenbrot<br>Pumpernickel<br>Baguette<br>Milchbrötchen<br>Fertigbrot | Weizenbrötchen<br>Vollkornbrötchen<br>Krustenbrötchen<br>Kaiserbrötchen<br>Schrippen<br>Butterbrötchen<br>Laugenbrötchen<br>Mohnbrötchen<br>Sesambrötchen<br>Mehrkornbrötchen<br>Brötchen mit Kürbiskernen |
| **Kekse und Kleingebäck** | **Herzhafte Backwaren** |
| Butterkekse<br>Haferflockenkekse<br>Springerle<br>Lebkuchen<br>(besonders zur Weihnachtszeit)<br>Spekulatius<br>Makronen<br>Mürbeteigkekse<br>Zimtsterne<br>Vanillekipferl<br>Nusstaler<br>Basler Läckerli<br>Florentiner | Laugenstange<br>Laugenbrezel<br>Schinken-Käse-Croissant<br>Pizzaschnitten<br>Fladenbrot<br>Quiche<br>Börek<br>Schinkenbrötchen<br>Käsebrötchen<br>Wurstbrötchen<br>Käsegebäck<br>Schweinefilet im Blätterteig<br>Sauerteigbrot<br>Baguette mit Füllung |

| **Süßgebäcke** | **Torten und Kuchen** |
|---|---|
| Croissant<br>Schokoladen-Croissant<br>Laugenbrezel<br>Apfelstrudel<br>Käsekuchen<br>Apfelkuchen<br>Pflaumenkuchen<br><br>Nussecken<br>Kirschstreuselkuchen<br>Zuckerkuchen<br>Marmorkuchen<br>Donauwellen<br>Torte (z.B. Sachertorte)<br>Käse-Sahne-Torte<br>Bienenstich<br>Berliner (Krapfen)<br>Zimtschnecken<br>Butterkuchen<br>Eclair | Sachertorte<br>Schwarzwälder Kirschtorte<br>Mohnkuchen<br>Erdbeerkuchen<br>Himbeerkuchen<br>Rhabarberkuchen<br>Blechkuchen<br>(z.B. Streuselkuchen)<br>Obsttorte<br>Mandelkuchen<br>Zitronenkuchen<br><br>Saisonale Produkte<br><br>Weihnachtsstollen<br>Osterbrot<br>Glühweingebäck (im Winter)<br>Pfingstrosen<br>Frühstücksbrötchen zu<br>besonderen Anlässen |

## Sonstiges

**Brotaufstriche** (z.B. Marmelade, Honig)

**Kaffee** (oft frisch gemahlen und zum Mitnehmen)

**Tee** (verschiedene Sorten)

**Frisches Gebäck zum Frühstück** (z.B. **Frühstücksbrötchen**)

## Dialog in der Bäckerei

**Kunde :** Guten Morgen!

**Bäckerin :** Guten Morgen! Wie kann ich Ihnen helfen?

**Kunde :** Ich hätte gerne drei Brötchen, bitte.

**Bäckerin :** Möchten Sie Weizenbrötchen oder Vollkornbrötchen?

**Kunde :** Drei Weizenbrötchen, bitte.

**Bäckerin :** Sonst noch etwas?

**Kunde :** Ja, ein Stück Apfelkuchen, bitte.

**Bäckerin :** Kommt sofort. Möchten Sie noch etwas trinken?

**Kunde :** Nein, danke. Das ist alles.

**Bäckerin :** Das macht 3,50 Euro. Möchten Sie bar oder mit Karte bezahlen?

**Kunde :** Mit Karte, bitte.

**Bäckerin :** Vielen Dank! Einen schönen Tag noch!

**Kunde :** Danke, Ihnen auch!

## Fragen zum Dialog:

1. Was bestellt der Kunde?
2. Wie viele Brötchen möchte der Kunde?
3. Was fragt die Bäckerin nach dem Apfelkuchen?
4. Wie bezahlt der Kunde?

## Aufgaben:

**Wortschatz :** Schreibe die Wörter "Brötchen", "Apfelkuchen", "bezahlen" und "trinken" auf und bilde einen Satz mit jedem Wort.

**Dialog üben :** Übe den Dialog mit einem Partner und tausche die Bestellungen aus.

# Kapitel 7

# Wetter und Jahreszeiten

## Wörter und Wendungen

### Wetter

die Sonne scheint – Es ist sonnig.

Es regnet – Es ist regnerisch.

Es schneit – Es ist kalt.

Es ist bewölkt – Der Himmel ist grau.

Es ist windig.

Es ist neblig.

Es ist warm/heiß/kalt/kühl.

Wie ist das Wetter? – Das Wetter ist schön/schlecht.

### Jahreszeiten

der Frühling – Im Frühling blühen die Blumen.

der Sommer – Im Sommer ist es heiß.

der Herbst – Im Herbst fallen die Blätter.

der Winter – Im Winter schneit es oft.

Aufgabe : Ordne die Monate des Jahres in die richtige Reihenfolge.

**(Mai, Oktober, Dezember, Januar, Juni, März, Februar, September, April, Juli, November, August)**

### Fragen zu den Monaten:

Beantworte die folgenden Fragen mit einem Monat.

1. Welcher Monat ist der erste Monat des Jahres?

   **Antwort:** ________

2. In welchem Monat ist Weihnachten?

   **Antwort:** ________

3. Welcher Monat hat 31 Tage und ist der dritte Monat des Jahres?

   **Antwort:** ________

4. Wann beginnt der Sommer in Deutschland?

   **Antwort:** ________

5. In welchem Monat beginnt der Herbst?

   **Antwort:** ________

---

## Welche Monate passen?

---

Ordne die Monate den Jahreszeiten zu.

| Frühling | Sommer | Herbst | Winter |
|---|---|---|---|
| ________ | ________ | ________ | ________ |
| ________ | ________ | ________ | ________ |
| ________ | ________ | ________ | ________ |

## Wetter und Jahreszeiten

In Deutschland gibt es vier Jahreszeiten: Frühling, Sommer, Herbst und Winter. Der Frühling ist die Zeit, in der die Blumen blühen und die Tage länger werden. Im Sommer ist es warm, und viele Menschen gehen schwimmen oder machen Urlaub. Der Herbst ist die Zeit der Ernte, und das Wetter wird kühler. Im Winter ist es oft kalt und manchmal schneit es. Das Wetter in Deutschland kann sich schnell ändern, deshalb ist es wichtig, auf den Wetterbericht zu achten.

### Fragen zum Text:

1. Welche Jahreszeiten gibt es in Deutschland?
2. Was passiert im Frühling?
3. Was passiert im Winter?

### Dialog: Wie ist das Wetter?

**Person A :** Wie ist das Wetter heute?

**Person B :** Es ist sonnig und warm.

**Person A :** Magst du lieber Sommer oder Winter?

**Person B :** Ich mag den Sommer, weil ich gerne im Freien bin.

**Person A :** Was machst du im Winter?

**Person B :** Im Winter gehe ich gerne Skifahren.

## Fragen:

1. Wie ist das Wetter heute?
2. Welche Jahreszeit mag Person B am liebsten?
3. Was macht Person B im Sommer?
4. Was machst Person B im Winter?

## Kreative Aufgabe:

Schreibe einen kurzen Text darüber, was du in jedem Monat des Jahres gerne machst. Zum Beispiel: "Im Januar schneit es oft, und ich fahre Ski. Im Mai gehe ich gerne spazieren, weil das Wetter schön ist."

## Beispiel-Dialog 1:

**Anna :** Guten Morgen, Paul! Wie ist das Wetter heute?

**Paul :** Guten Morgen, Anna! Die Sonne scheint. Es ist warm.

**Anna :** Super! Dann können wir ein Picknick machen.

**Paul :** Gute Idee! Ich hole den Picknickkorb.

## Beispiel - Dialog 2:

**Frau Müller :** Hallo, Herr Schmitt! Gefällt Ihnen der Winter?

**Herr Schmitt :** Ja, ich mag den Schnee. Und Sie?

**Frau Müller :** Nein, ich mag den Frühling lieber. Da ist es nicht so kalt.

## Übung : Beantworte die Fragen.

1. Wie ist das Wetter heute?
2. Welche Jahreszeit magst du am liebsten?
3. Was machst du im Sommer gern?

### Dialog zum Thema Jahreszeiten

**Person 1:** Hallo! Welche Jahreszeit magst du am liebsten?

**Person 2 :** Ich mag den Frühling sehr. Es wird wärmer, die Blumen blühen und die Tage sind länger. Was ist deine Lieblingsjahreszeit?

**Person 1:** Ich finde den Herbst toll. Die Blätter werden bunt, und es ist nicht zu heiß und nicht zu kalt. Ich liebe es, in dieser Jahreszeit spazieren zu gehen.

**Person 2 :** Das klingt schön! Ich mag den Herbst auch, aber der Sommer ist auch großartig. Ich gehe gerne schwimmen und mache viel Urlaub.

**Person 1:** Ja, der Sommer ist super für den Urlaub. Aber manchmal ist es mir zu heiß. Was machst du im Winter?

**Person 2 :** Im Winter fahre ich gerne Ski und trinke heißen Tee. Es ist so gemütlich, wenn es draußen kalt ist und drinnen alles warm.

**Person 1:** Das stimmt! Ich mag auch den Winter, besonders die Weihnachtszeit. Hast du ein Lieblingsfest im Jahr?

**Person 2 :** Ja, Weihnachten im Dezember. Die Lichter und der Schnee machen es so besonders.

## Fragen zum Dialog:

1. Welche Jahreszeit mag Person 1 am liebsten?
2. Was macht Person 2 im Winter?
3. Welche Jahreszeit ist laut Person 1 ideal für den Urlaub?
4. Was ist das Lieblingsfest von Person 1?
5. Welche Jahreszeit beschreibt Person 1 als zu heiß?

## Übung : Lückentext

Ergänzen Sie die fehlenden Wörter:
Im Sommer scheint oft die _______. Die Temperaturen sind _______, und viele Menschen gehen _______. Im Herbst ist das Wetter oft _______, und die Blätter _______ von den Bäumen. Im Winter schneit es manchmal, und es ist _______.

## Übung : Wetter vergleichen

Vergleichen Sie das Wetter in zwei Jahreszeiten. Schreiben Sie zwei Sätze, z. B.:
Im Sommer ist es heiß, aber im Winter ist es kalt.

## Übung : Partnerarbeit

Arbeiten Sie mit einem Partner. Stellen Sie Fragen zum Wetter in verschiedenen Jahreszeiten und beantworten Sie sie. Beispiel:

A : Wie ist das Wetter im Herbst?
B : Es ist oft bewölkt, und die Blätter fallen.

**Guten Tag! Hier ist der Wetterbericht für heute.**

Heute ist das Wetter sonnig. Es gibt **keine Wolken** am Himmel. Die Temperatur liegt bei **20 Grad Celsius.** Es ist **warm**, aber nicht heiß.

Am Nachmittag wird es **windig**. Der Wind kommt aus dem Norden. Es bleibt aber trocken.

Am Abend wird es **kühler**. Die Temperatur sinkt auf **12 Grad Celsius**. Der Himmel bleibt **klar**.

**Morgen** gibt es ein anderes Wetter. Es wird **regnerisch** und **bewölkt**. Die Temperatur liegt zwischen **10 und 15 Grad Celsius**. Nehmen Sie bitte einen **Regenschirm** mit!

**Das war der Wetterbericht für heute. Danke und bis morgen!**

**Übung :** Richtig oder falsch?

1. Heute gibt es viele Wolken.
2. Am Abend wird es kühler.
3. Morgen scheint die Sonne.
4. Die Temperatur sinkt auf 12 Grad Celsius.
5. Man braucht morgen einen Regenschirm.

### Wörter finden:

Schreiben Sie alle Wetterwörter aus dem Text auf (z. B. sonnig, regnerisch).

### Sätze vervollständigen:

1. Heute ist das Wetter ________.
2. Am Abend bleibt der Himmel ________.
3. Morgen braucht man einen ________.

### Partnerübung:

Fragen Sie Ihren Partner:

1. Wie ist das Wetter heute in deiner Stadt?
2. Wie ist das Wetter morgen?
3. Was machst du bei sonnigem Wetter?

### Übung : Wetterbericht schreiben

Schreiben Sie einen kurzen Wetterbericht für einen Tag in Ihrer Stadt. Verwenden Sie mindestens drei Wetterausdrücke.

# Kapitel 8

# Hobbys und Vorlieben

## Wortschatz : Hobbys und Freizeitaktivitäten

| Hobbys im Allgemeinen: | Gesellige Aktivitäten: |
|---|---|
| das Hobby<br>die Freizeit<br>das Interesse<br>die Leidenschaft<br>die Aktivität | das Lesen<br>das Fernsehen<br>das Reisen<br>das Shopping<br>das Ausgehen<br>das Grillen<br>das Wandern |
| **Sportarten und körperliche Aktivitäten:** | **Kreative Hobbys:** |
| der Sport<br>das Schwimmen<br>das Laufen<br>das Radfahren<br>der Fußball<br>der Tennis<br>das Basketball<br>das Yoga<br>das Tanzen<br>das Klettern<br>der Wintersport | das Malen<br>das Zeichnen<br>das Fotografieren<br>das Musizieren<br>das Singen<br>das Basteln<br>das Kochen<br>das Backen |

## Grammatik : Der Infinitiv mit "zu"

In vielen Fällen verwendet man den Infinitiv mit "zu", wenn man z. B. über Pläne, Absichten oder Hobbys spricht – vor allem nach bestimmten Verben wie "beginnen", "planen", "vergessen", "versuchen" usw.

**Beispiele:**

Ich plane zu **schwimmen.**

Ich habe Lust **zu reisen.**

Ich versuche **zu tanzen.**

**Übung :** **Setze den Infinitiv mit "zu" korrekt ein:**

1. Ich habe Lust, ___ (tanzen).
2. Wir gehen heute Abend ___ (essen).
3. Sie möchte ___ (reisen).
4. Ich will ___ (kochen).
5. Ihr habt keine Zeit ___ (laufen).

## Grammatik : Der Akkusativ bei Aktivitäten

Im Deutschen benutzt man den **Akkusativ**, wenn man eine Freizeitaktivität beschreibt oder über ein Hobby spricht. Oft verwendet man dabei Verben wie "machen", "spielen", "lesen" oder "sehen".

**Beispiele:**

Ich **spiele** Fu ß ball.
Sie **macht** gerne Yoga.
Wir **sehen** einen Film.
Er **liest** ein Buch.

## Grammatik : Der Dativ bei Vorlieben

Wenn du über Vorlieben und Interessen sprichst, benutzt du oft den **Dativ**, insbesondere bei den Verben "gefallen", "schmecken" oder "stehen".

**Beispiele:**

Das Buch **gefällt** mir.
Das Hemd **steht** dir gut.
Die Idee **schmeckt** mir nicht.
Das neue Restaurant **gefällt** uns sehr.

## Grammatik : Modalverben im Präsens

### Beispiele für Modalverben:

Ich kann schwimmen.

Du darfst tanzen.

Wir müssen lernen.

Sie möchte reisen.

**Übung :** **Setze das passende Modalverb ein** (können, dürfen, wollen, müssen, möchten):

1. Ich ___ gut kochen.
2. Du ___ nicht so laut sprechen.
3. Wir ___ morgen arbeiten.
4. Sie ___ ins Kino gehen.
5. Er ___ heute nicht schwimmen.

## Dialoge : Fragen nach Hobbys

**Ziel :** Fragen nach den Hobbys und Freizeitaktivitäten stellen.

### Beispiel-Dialog 1:

**Person A :** Was machst du gern in deiner Freizeit?

**Person B :** Ich spiele gern Fußball und gehe oft joggen.

**Person A :** Ah, das klingt gut! Und was machst du noch?

**Person B :** Ich lese auch gerne und treffe mich mit Freunden.

### Beispiel-Dialog 2:

**Person A :** Hast du ein Hobby?

**Person B :** Ja, mein Hobby ist das Fotografieren.

**Person A :** Wie lange machst du das schon?

**Person B :** Schon seit drei Jahren.

**Übung :** **Vervollständige die folgenden Sätze mit Freizeitaktivitäten:**

1. In meiner Freizeit spiele ich ___ .
2. Mein Hobby ist ___ .
3. Ich liebe es, ___ .
4. Am Wochenende gehe ich gerne ___.

## Übung : Hobbys und Vorlieben beschreiben

**Ziel :** Über eigene Hobbys und Vorlieben sprechen.

### Beispiel-Dialog:

**Person A :** Was sind deine Lieblingshobbys?

**Person B :** Meine Lieblingshobbys sind Lesen und Wandern. Ich liebe es, in den Bergen zu gehen.

**Person A :** Das klingt schön! Und was liest du gerne?

**Person B :** Ich lese gerne Krimis und Abenteuerromane.

## Übung : Beschreibe deine Lieblingshobbys:

1. Was machst du gerne in deiner Freizeit?
2. Welche Hobbys hast du seit deiner Kindheit?
3. Welche Hobbys würdest du gerne ausprobieren?

## Übung : Hobbys in der Vergangenheit

### Beispiel-Dialog:

**Person A :** Was hast du früher gern gemacht?

**Person B :** Früher habe ich viel Fußball gespielt und viel ferngesehen.

**Person A :** Interessant! Und heute?

**Person B :** Heute mache ich lieber Yoga und lese.

## Übung : Beantworte die Fragen:

1. Was hast du als Kind gerne gemacht?
2. Welche Hobbys hattest du vor fünf Jahren?
3. Was hast du in der letzten Woche in deiner Freizeit gemacht?

## Übung : Aktivitäten und Vorlieben

**Ziel :** Vorlieben und Abneigungen zu Freizeitaktivitäten äußern.

### Beispiel-Dialog:

**Person A :** Magst du es, zu wandern?

**Person B :** Ja, ich liebe Wandern, besonders in den Bergen.

**Person A :** Und magst du es, ins Kino zu gehen?

**Person B :** Nein, Kino ist nicht so mein Ding. Ich gehe lieber spazieren.

## Übung : Vervollständige die Sätze:

1. Ich mag ___, aber ich mag ___ nicht.
2. Ich liebe ___ , aber ich hasse ___.
3. ___ ist toll, aber ___ gefällt mir nicht so sehr.

## Lese den Dialog und beantworte die folgenden Fragen.

**Person A :** Was machst du normalerweise am Wochenende?

**Person B :** Am Wochenende gehe ich oft mit Freunden wandern oder wir machen ein Picknick im Park.

**Person A :** Klingt toll! Und was machst du, wenn das Wetter schlecht ist?

**Person B :** Dann bleibe ich zu Hause und lese oder schaue Filme.

## Fragen:

1. Was macht Person B am Wochenende?
2. Was tut Person B, wenn das Wetter schlecht ist?

### Ins Kino gehen

Ins Kino gehen ist eine beliebte Freizeitaktivität. Viele Menschen gehen am Wochenende oder nach der Arbeit ins Kino, um einen Film zu sehen. In den Kinos gibt es verschiedene Filme: Actionfilme, Komödien, Dramen und auch Kinderfilme. Man kann sich den Film aussuchen, der einem am meisten gefällt.

Bevor man ins Kino geht, kauft man normalerweise Tickets. Die Tickets kann man online oder an der Kinokasse kaufen. Es gibt oft Rabatte für Studenten, Kinder und Senioren. Die Preise für die Tickets variieren je nach Kino und Filmzeit. Manche Kinos bieten auch Sonderaktionen, wie zum Beispiel den "Kinotag", an dem die Tickets günstiger sind.

Im Kino gibt es immer Popcorn, Nachos und Getränke zu kaufen. Viele Menschen essen und trinken während des Films. Es ist wichtig, ruhig zu sein und den Film nicht zu stören, damit alle den Film genießen können.

Die Filme beginnen meistens zur vollen Stunde oder zur halben Stunde. Es gibt auch spezielle Vorstellungen, wie zum Beispiel Filme in 3D oder Filme in Originalsprache mit Untertiteln. Wer keine Lust auf einen aktuellen Film hat, kann auch in ein älteres Kinoprogramm gehen, in dem Klassiker gezeigt werden.

Ins Kino zu gehen macht Spaß und ist eine gute Möglichkeit, einen schönen Abend zu verbringen.

**Aufgaben:**

**Lückentext:**

Fülle die Lücken im Text mit den richtigen Wörtern aus dem Text.

1. Ins Kino gehen ist eine ______ Freizeitaktivität.
2. Die Tickets kann man online oder an der ______ kaufen.
3. Es gibt oft ______ für Studenten, Kinder und Senioren.
4. Im Kino kann man ______ und ______ kaufen.
5. Es gibt auch Filme in ______ oder mit ______.

### Fragen zum Text:

1. Was für Filme kann man im Kino sehen?
2. Wie kauft man normalerweise die Kinotickets?
3. Was kann man im Kino kaufen?
4. Wann beginnen die Filme meistens?

### Richtig oder Falsch:

Lese die Aussagen und kreuze an, ob sie richtig oder falsch sind.

1. Man kann keine Tickets online kaufen.
2. Filme beginnen immer zur vollen Stunde.
3. Es gibt keine Sonderaktionen für Kinotickets.
4. Man kann im Kino Popcorn, Nachos und Getränke kaufen.

### Dialog: Ins Kino gehen

**Anna :** Hallo, Max! Hast du Lust, heute Abend ins Kino zu gehen?

**Max :** Hallo, Anna! Ja, das klingt gut. Welchen Film wollen wir sehen?

**Anna :** Ich habe gehört, dass der neue Actionfilm sehr spannend ist. Wie findest du Actionfilme?

**Max :** Ich mag Actionfilme! Wann beginnt der Film?

**Anna :** Der Film beginnt um 20:00 Uhr. Wir sollten die Tickets im Voraus kaufen.

**Max :** Gute Idee! Wo kaufen wir die Tickets?

**Anna :** Wir können die Tickets online kaufen oder direkt an der Kinokasse.

**Max :** Ich kaufe sie online, das ist schneller. Möchtest du Popcorn oder etwas zu trinken?

**Anna :** Ja, ich nehme Popcorn und Cola. Und du?

**Max :** Ich nehme auch Popcorn, aber lieber Wasser.

**Anna :** Super! Dann sehen wir uns um 19:30 Uhr am Kino, okay?

**Max :** Perfekt! Ich freue mich schon.

### Fragen zum Dialog:

1. Wann beginnt der Film?
2. Wie können Anna und Max die Tickets kaufen?
3. Was will Anna im Kino essen und trinken?
4. Was möchte Max im Kino trinken?
5. Wann wollen Anna und Max ins Kino gehen?
6. Mag Max Actionfilme?

### Übung : Lückentext:

Fülle die Lücken mit den richtigen Wörtern aus dem Dialog.

1. Anna und Max wollen heute Abend ins ______ gehen.
2. Der Film beginnt um ______ Uhr.
3. Anna und Max können die Tickets ______ oder an der ______ kaufen.
4. Anna möchte ______ und ______ trinken.
5. Max möchte ______ trinken.

## Antworten im Dialog:

Schreibe die Antwort auf die Fragen, als ob du Max oder Anna wärst.

1. Wie findest du Actionfilme?
2. Was möchtest du im Kino essen?
3. Wo kaufst du die Tickets normalerweise?
4. Wann möchtest du ins Kino gehen?

## Multiple-Choice Übung:

Wähle die richtige Antwort.

Wann beginnt der Film?

a) 18:00 Uhr
b) 19:30 Uhr
c) 20:00 Uhr

Was möchte Anna im Kino essen?

a) Nachos
b) Popcorn
c) Chips

Wie kauft Max die Tickets?

a) An der Kinokasse
b) Online
c) Über das Telefon

## Aufgabe:

### Schreibe und übe einen Dialog, in dem du ins Kino gehst:

Du und dein Freund sprechen über den Film, den ihr sehen wollt.
Ihr kauft Tickets und überlegt, was ihr im Kino essen wollt.
Du erklärst, was du im Kino magst (Popcorn, Getränke, die Atmosphäre, etc.).

## Übungen, um sein Lieblings-etwas auszudrücken

### Beantworte die Fragen mit deinem Lieblings-__.

Was ist dein Lieblingsessen?

**Antwort:** Mein Lieblingsessen ist ________.

Welche Farbe magst du am liebsten?
**Antwort:** Meine Lieblingsfarbe ist ________.

Was ist dein Lieblingsbuch?
**Antwort:** Mein Lieblingsbuch ist ________.

Welches Tier magst du am liebsten?
**Antwort:** Mein Lieblingstier ist ________.

Was ist dein Lieblingslied?
**Antwort:** Mein Lieblingslied ist ________.

### Satzbauspiel

Ordne die Wörter, um richtige Sätze zu bilden:

Lieblingsfilm / Mein / "Inception" / ist.

Schokolade / Lieblingsessen / Mein / ist.

Lieblingsfarbe / Meine / blau / ist.

Katze / Lieblingstier / Mein / ist / die.

Lieblingsstadt / ist / Berlin / Meine.

### Gruppenspiel

Arbeite mit einem Partner oder in einer Gruppe. Fragt euch gegenseitig:

"Was ist dein Lieblingsessen?"
"Was ist deine Lieblingsfarbe?"
"Was ist dein Lieblingsfilm?"

Schreibt die Antworten auf und stellt sie der Gruppe vor.

# Kapitel 9

# Sportarten

## Die beliebtesten Sportarten in Deutschland

In Deutschland spielen Sport und Bewegung eine wichtige Rolle. Viele Menschen machen Sport, um fit zu bleiben oder Spaß zu haben.

Eine der beliebtesten Sportarten in Deutschland ist **Fußball**. Viele Menschen schauen Fußball im Fernsehen oder spielen selbst im Verein. Es gibt viele berühmte Fußballvereine, wie Bayern München oder Borussia Dortmund.

Auch **Tennis** ist in Deutschland sehr beliebt. Viele spielen es im Sommer auf Tennisplätzen. Deutsche Tennisspieler wie Boris Becker und Steffi Graf sind weltweit bekannt.

Im Winter mögen viele Menschen **Skifahren** oder **Snowboarden**. In den Bergen gibt es viele Skigebiete, zum Beispiel in Bayern oder im Schwarzwald.

Außerdem gehen viele Deutsche gerne **Radfahren**. Es gibt viele Radwege in der Stadt und auf dem Land. Radfahren ist nicht nur ein Sport, sondern auch ein Verkehrsmittel.

Auch **Schwimmen** ist sehr beliebt. Es gibt viele Schwimmbäder in Deutschland, und im Sommer gehen viele Menschen an Seen oder ans Meer.

Sport bringt die Menschen zusammen und macht das Leben schöner!

### Fragen zum Text:

1. Welche Sportart ist die beliebteste in Deutschland?
2. Nenne zwei berühmte deutsche Fußballvereine.
3. Welche zwei Sportarten mögen die Deutschen im Winter?
4. Warum ist Radfahren in Deutschland so beliebt?
5. Wo gehen die Deutschen im Sommer gerne schwimmen?

### Wahr oder Falsch?

Lies die Aussagen und entscheide, ob sie wahr oder falsch sind.

1. Fußball ist in Deutschland nicht so beliebt.
2. Tennis wird oft im Winter gespielt.
3. Viele Deutsche fahren im Winter Ski.
4. Radfahren ist in Deutschland nur ein Sport.
5. Es gibt viele Schwimmbäder in Deutschland.

### Vervollständige die Sätze:

1. Viele Menschen schauen ________ im Fernsehen.
2. Im Winter fahren die Deutschen oft ________.
3. Radfahren ist ein Sport und ein ________.
4. Tennis spielt man oft im ________.
5. Im Sommer schwimmen die Deutschen in Seen oder im ________.

## Deine Meinung:

## Beantworte die Fragen:

1. Welche Sportart magst du am liebsten?
2. Machst du selber Sport?
3. Welche Sportart würdest du gerne lernen?

## Schreibaufgabe:

Schreibe einen kurzen Text über Sport in deinem Land. Welche Sportarten sind beliebt? Was spielst du gern?

### Dialog: Über Lieblingssportarten sprechen

**Lisa** : Hallo Tom! Treibst du eigentlich Sport?

**Tom** : Ja, ich spiele Fußball. Das ist meine Lieblingssportart. Und du?

**Lisa** : Ich gehe gerne schwimmen. Das mache ich fast jede Woche.

**Tom** : Schwimmen ist auch super. Wo schwimmst du?

**Lisa** : Meistens im Schwimmbad in der Stadt. Und du? Spielst du Fußballim Verein?

**Tom** : Ja, ich spiele in einem kleinen Verein in der Nachbarschaft. Wir trainieren zweimal die Woche.

**Lisa** : Das klingt toll! Magst du auch andere Sportarten?

**Tom** : Ja, ich fahre manchmal Rad. Besonders im Sommer macht das Spaß.

**Lisa** : Das stimmt! Ich mag auch Radfahren. Aber im Winter gehe ich lieber joggen.

**Tom :** Joggen im Winter? Das ist bestimmt kalt!

**Lisa :** Ja, ein bisschen. Aber man wird schnell warm. Was machst du im Winter?

**Tom :** Im Winter gehe ich manchmal Ski fahren. Das ist aufregend!

**Lisa :** Oh, das klingt schön! Ich würde auch gerne Ski fahren lernen.

## Fragen zum Dialog:

1. Welche Sportart ist Toms Lieblingssport?
2. Wo geht Lisa schwimmen?
3. Wie oft trainiert Tom Fußball?
4. Welche Sportart mag Lisa im Winter?
5. Was macht Tom im Winter?

## Aufgabe:

Dialog üben : Lies den Dialog mit einem Partner laut vor.

## Schreibaufgabe:

Schreibe einen kurzen Dialog über Sport. Zwei Personen sprechen über ihre Lieblingssportarten und was sie daran mögen.

## Fußball in Deutschland

Fußball ist die beliebteste Sportart in Deutschland. Viele Menschen schauen Fußball im Fernsehen oder im Stadion. Kinder und Erwachsene spielen Fußball in Vereinen.

Die deutsche Fußballliga heißt **Bundesliga**. In der Bundesliga spielen viele bekannte Vereine, zum Beispiel **Bayern München**, **Borussia Dortmund** und **RB Leipzig**.

Deutschland hat auch eine Nationalmannschaft. Die deutsche Nationalmannschaft hat viermal die Weltmeisterschaft gewonnen : 1954, 1974, 1990 und 2014.

Fußball verbindet Menschen. Am Wochenende treffen sich viele Freunde, um Fußballspiele zusammen zu schauen. Viele Kinder träumen davon, Fußballprofi zu werden.

Auch Frauenfußball ist in Deutschland beliebt.
Die Frauen-Nationalmannschaft hat viele Titel gewonnen, zum Beispiel die Weltmeisterschaft 2003 und 2007.

Fußball macht Spaß und bringt die Menschen zusammen.

### Fragen zum Text:

1. Was ist die beliebteste Sportart in Deutschland?
2. Wie heißt die deutsche Fußballliga?
3. Nenne zwei bekannte Fußballvereine in Deutschland.

4. Wann hat die deutsche Nationalmannschaft die Weltmeisterschaft gewonnen?
5. Ist Frauenfußball in Deutschland auch beliebt?

## Aufgaben:

### Lücken füllen

Setze die passenden Wörter ein:

(**Bundesliga, Fußball, Nationalmannschaft, Vereine**)

1. Viele Kinder und Erwachsene spielen ________.
2. Die deutsche Fußballliga heißt ________.
3. In Deutschland gibt es viele Fußball-________.
4. Die deutsche ________ hat viermal die Weltmeisterschaft gewonnen.

### Wahr oder falsch?

1. Fußball ist in Deutschland nicht sehr beliebt.
2. Die Bundesliga ist die deutsche Fußballliga.
3. Bayern München ist ein bekannter Verein.
4. Die Frauen-Nationalmannschaft hat nie eine Weltmeisterschaft gewonnen.
5. Fußball bringt Menschen zusammen.

### Schreibaufgabe

Schreibe einen kurzen Text über Fußball in deinem Land:

1. Ist Fußball in deinem Land beliebt?
2. Welche Vereine kennst du?
3. Gibt es berühmte Fußballspieler oder -spielerinnen?

## Tennis in Deutschland

Tennis ist eine beliebte Sportart in Deutschland. Viele Menschen spielen Tennis im Verein oder auf Tennisplätzen in ihrer Freizeit.

Deutschland hat berühmte Tennisspieler. **Boris Becker** und **Steffi Graf** sind weltweit bekannt. Boris Becker gewann als jüngster Spieler das berühmte Turnier in Wimbledon. Steffi Graf gewann 22 Grand-Slam-Titel und war lange Zeit die beste Tennisspielerin der Welt.

Im Sommer finden viele Tennisturniere statt. Das größte Turnier in Deutschland ist in **Halle** und ein wichtiges Turnier vor Wimbledon.

Tennis macht Spaß und ist gut für die Gesundheit. Viele Menschen spielen Tennis, um fit zu bleiben und Freunde zu treffen.

### Fragen zum Text:

1. Was ist Tennis in Deutschland?
2. Wer sind zwei berühmte Tennisspieler aus Deutschland?
3. Wie viele Grand-Slam-Titel hat Steffi Graf gewonnen?
4. Wo findet ein großes Tennisturnier in Deutschland statt?
5. Warum spielen viele Menschen Tennis?

## Lücken füllen

Setze die passenden Wörter ein:

**(Wimbledon, Steffi Graf, Boris Becker, Turnier, Tennis)**

1. Viele Menschen spielen ________ in ihrer Freizeit.
2. ________ ist eine berühmte Tennisspielerin aus Deutschland.
3. ________ gewann als jüngster Spieler in Wimbledon.
4. Ein großes ________ findet in Halle statt.
5. Steffi Graf hat 22 Grand-Slam-Titel gewonnen, darunter auch ________.

## Wahr oder falsch?

1. Tennis ist eine unbekannte Sportart in Deutschland.
2. Boris Becker war der älteste Spieler, der Wimbledon gewann.
3. Steffi Graf hat 22 Grand-Slam-Titel gewonnen.
4. Das größte Turnier in Deutschland ist in Berlin.
5. Tennis ist gut für die Gesundheit.

## Schreibaufgabe

Schreibe einen kurzen Text über Tennis in deinem Land:

Ist Tennis in deinem Land beliebt?

Gibt es berühmte Tennisspieler oder -spielerinnen?

## Wintersport in Deutschland

Im Winter machen viele Menschen in Deutschland Sport. Wintersport ist besonders in den Bergen sehr beliebt. Dort gibt es Schnee und gute Pisten.

Eine bekannte Wintersportart ist **Ski fahren**. Viele Deutsche fahren im Winter in die Alpen oder in den Schwarzwald. Dort können sie Ski fahren und die Natur genießen.

Auch **Snowboarden** macht vielen Spaß. Es ist ähnlich wie Ski fahren, aber man steht auf einem Brett.

Eine andere beliebte Sportart ist **Schlittschuh laufen**. In vielen Städten gibt es Eisbahnen. Familien und Freunde laufen dort zusammen Schlittschuh.

Manche Menschen gehen auch **Rodeln**. Beim Rodeln fährt man mit einem Schlitten den Berg hinunter. Kinder und Erwachsene mögen das sehr.

Wintersport macht Spaß und hält fit. Es ist eine schöne Art, den Winter zu genießen.

### Fragen zum Text:

1. Was ist Wintersport in Deutschland?
2. Wo fahren viele Deutsche Ski?
3. Was ist Snowboarden?
4. Was machen viele Menschen auf der Eisbahn?
5. Was ist Rodeln?

## Lücken füllen

Setze die passenden Wörter ein:

**(Berge, Schlittschuh, Rodeln, Snowboarden, Ski)**

1. Im Winter fahren viele Menschen in die ________.
2. ________ fahren ist eine beliebte Wintersportart.
3. Beim ________ steht man auf einem Brett.
4. Auf der Eisbahn laufen die Menschen ________.
5. Kinder und Erwachsene mögen ________ mit dem Schlitten.

## Wahr oder falsch?

1. Wintersport ist in Deutschland nicht beliebt.
2. Viele Deutsche fahren im Winter in die Berge.
3. Beim Snowboarden steht man auf zwei Brettern.
4. Auf der Eisbahn laufen die Menschen Schlittschuh.
5. Rodeln ist nur für Kinder.

## Schreibaufgabe:

Schreibe einen kurzen Text:

Magst du Wintersport?

Welche Wintersportarten kennst du?

Bist du schon einmal Ski gefahren?

### Dialog 1: Über Lieblingssportarten

**Lisa :** Hallo Tom, treibst du Sport?

**Tom :** Ja, ich spiele Fußball. Und du?

**Lisa :** Ich gehe schwimmen. Das mache ich einmal pro Woche.

**Tom :** Schwimmen ist toll! Spielst du auch andere Sportarten?

**Lisa :** Nein, aber ich möchte vielleicht Radfahren ausprobieren.

### Dialog 2: Gemeinsam Sport machen

**Paul :** Hallo Anna, hast du am Samstag Zeit?

**Anna :** Vielleicht. Warum?

**Paul :** Ich gehe in den Park joggen. Möchtest du mitkommen?

**Anna :** Joggen? Hm, ich weiß nicht. Ich bin nicht so schnell.

**Paul :** Das macht nichts. Wir laufen einfach langsam.

**Anna :** Okay, ich komme mit. Wann treffen wir uns?

**Paul :** Um 10 Uhr vor dem Parkeingang.

## Dialog 3: Über Wintersport

**Julia :** Machst du im Winter Sport, Markus?

**Markus :** Ja, ich fahre Ski. Und du?

**Julia :** Ich mag Rodeln. Das macht Spaß!

**Markus :** Stimmt, Rodeln ist auch super. Wo gehst du rodeln?

**Julia :** Im Schwarzwald, wenn es viel Schnee gibt.

## Dialog 4: Sport im Verein

**Marie :** Hallo Jonas, machst du Sport im Verein?

**Jonas :** Ja, ich bin im Tennisverein. Wir trainieren zweimal die Woche.

**Marie :** Das klingt interessant. Ist Tennis schwer?

**Jonas :** Am Anfang schon, aber es macht viel Spaß. Willst du es mal ausprobieren?

**Marie :** Vielleicht! Ich muss es mir überlegen.

## Dialog 5: Sport im Alltag

**Sandra :** Treibst du regelmäßig Sport, Lukas?

**Lukas :** Ja, ich fahre jeden Tag mit dem Fahrrad zur Arbeit.

**Sandra :** Das ist praktisch! Und machst du noch etwas anderes?

**Lukas :** Ab und zu gehe ich ins Fitnessstudio. Und du?

**Sandra :** Ich mache Yoga. Das entspannt mich nach der Arbeit.

### Fragen zum Verständnis:

1. Welche Sportarten mögen Lisa und Tom?
2. Was machen Paul und Anna am Samstag?
3. Welche Wintersportart mag Julia?
4. Wie oft trainiert Jonas Tennis?
5. Welchen Sport macht Sandra nach der Arbeit?

### Rollenspiel:

Lies die Dialoge mit einem Partner laut vor.
Denkt euch eigene Dialoge aus, in denen ihr über eure Lieblingssportarten sprecht.

# Kapitel 10

# Musik und Musikinstrumente

## Musik in Deutschland

Musik ist in Deutschland sehr wichtig. Es gibt viele verschiedene Arten von Musik, und für jeden Geschmack ist etwas dabei.

Klassische Musik hat in Deutschland eine lange Tradition. Berühmte Komponisten wie Ludwig van Beethoven, Johann Sebastian Bach und Wolfgang Amadeus Mozart haben Musikgeschichte geschrieben. Viele Menschen besuchen Konzerte in großen Opernhäusern oder hören klassische Musik zu Hause.

Pop- und Rockmusik sind auch sehr beliebt. Deutsche Bands wie Die Toten Hosen oder Rammstein sind international bekannt. Es gibt viele Festivals, bei denen Bands und Musiker auftreten, wie zum Beispiel Rock am Ring.

Auch Volksmusik hat in einigen Regionen eine große Bedeutung, vor allem in Bayern. Dort spielen Menschen traditionelle Instrumente wie Akkordeon oder Zither.

In Deutschland gibt es viele Möglichkeiten, Musik zu erleben: Konzerte,

Festivals, Straßenmusik oder Radiosender. Musik bringt Menschen zusammen und macht das Leben schöner.

### Fragen zum Text:

1. Welche Musik hat in Deutschland eine lange Tradition?
2. Nenne zwei berühmte deutsche Komponisten.
3. Welche deutschen Bands sind international bekannt?
4. Wo ist Volksmusik besonders wichtig?
5. Wie können Menschen in Deutschland Musik erleben?

### Lücken füllen

Setze die passenden Wörter ein:

**(Beethoven, Volksmusik, Festivals, Pop, Opernhäusern)**

1. In Deutschland hat klassische Musik mit _________ eine lange Tradition.
2. ________ und Rockmusik sind in Deutschland sehr beliebt.
3. In Bayern ist ________ besonders wichtig.
4. Viele Menschen besuchen Konzerte in großen ________.
5. ________ wie Rock am Ring sind bekannt für Live-Musik.

### Wahr oder falsch?

1. In Deutschland gibt es keine klassische Musik.
2. Die Toten Hosen sind eine bekannte deutsche Band.
3. Volksmusik ist in ganz Deutschland gleich beliebt.
4. Rock am Ring ist ein Festival in Deutschland.
5. Musik bringt Menschen zusammen.

## Schreibaufgabe:

Schreibe einen kurzen Text über Musik in deinem Land:

1. Welche Musikarten sind beliebt?
2. Gibt es berühmte Musiker oder Bands?
3. Hörst du gern Musik?

### Dialog: Über Musik sprechen

**Anna :** Hallo Ben! Hörst du gerne Musik?

**Ben :** Ja, ich liebe Musik! Und du?

**Anna :** Natürlich! Welche Musik hörst du am liebsten?

**Ben :** Ich mag Rockmusik. Meine Lieblingsband ist Die Toten Hosen. Und du?

**Anna :** Ich höre gerne Popmusik. Ich mag zum Beispiel Mark Forster.

**Ben :** Mark Forster? Der macht gute Lieder. Gehst du auch auf Konzerte?

**Anna :** Ja, letztes Jahr war ich bei einem Open-Air-Konzert. Es war toll! Und du?

**Ben :** Ich war dieses Jahr bei einem Festival. Da haben viele Bands gespielt. Es hat super Spaß gemacht.

**Anna :** Cool! Spielst du auch ein Instrument?

**Ben :** Ja, ich spiele Gitarre. Und du?

**Anna :** Nein, aber ich würde gerne Klavier lernen.

## Fragen zum Dialog:

1. Welche Musik mag Ben?
2. Welche Musik hört Anna gern?
3. Wo war Anna letztes Jahr?
4. Welches Instrument spielt Ben?
5. Welches Instrument möchte Anna lernen?

## Aufgaben:

### Rollenspiel:

Lies den Dialog mit einem Partner laut vor. Danach sprecht selbst über eure Lieblingsmusik.

### Wortschatzübung:

Finde Wörter im Dialog, die zu Musik gehören. Schreibe sie auf und übersetze sie in deine Muttersprache.

## 📖 Die beliebtesten Musikrichtungen in Deutschland

In Deutschland gibt es viele Musikrichtungen, die Menschen gerne hören. Jeder hat seinen eigenen Geschmack, aber einige Musikstile sind besonders beliebt.

Popmusik ist die Nummer eins in Deutschland. Viele Menschen hören Popmusik im Radio oder auf Streaming-Plattformen. Deutsche Künstler wie Mark Forster und Helene Fischer sind sehr bekannt, aber auch internationale Stars wie Ed Sheeran oder Dua Lipa sind beliebt.

Rockmusik hat ebenfalls viele Fans. Bands wie Die Ärzte oder Rammstein sind Klassiker in Deutschland. Rockmusik wird oft auf Festivals wie Rock am Ring gespielt.

Hip-Hop und Rap sind bei jungen Menschen sehr beliebt. Deutsche Rapper wie Capital Bra, Apache 207 oder Samra haben viele Fans. Hip-Hop ist bekannt für seine schnellen Texte und Beats.

Elektronische Musik ist in Clubs und auf Festivals sehr wichtig. Deutschland ist bekannt für berühmte DJs wie Paul Kalkbrenner oder Robin Schulz. Besonders in Städten wie Berlin gibt es viele elektronische Partys.

Schlager ist eine typische deutsche Musikrichtung. Vor allem ältere

Menschen mögen Schlager, aber auch bei jungen Leuten wird Schlager immer beliebter, besonders auf Partys. Helene Fischer ist eine der bekanntesten Schlagerstars.

Klassische Musik hat in Deutschland eine lange Tradition. Komponisten wie Beethoven und Bach sind weltweit bekannt. Viele Menschen besuchen Konzerte oder hören klassische Musik zu Hause.

In Deutschland ist die Vielfalt groß. Egal ob Pop, Rock, Hip-Hop oder Schlager - es gibt für jeden etwas.

### Fragen zum Text:

1. Welche Musikrichtung ist die Nummer eins in Deutschland?
2. Welche deutsche Rockband ist sehr bekannt?
3. Welche Musik hören viele junge Menschen?
4. Für welche Musikrichtung ist Berlin bekannt?
5. Welche Musik hat in Deutschland eine lange Tradition?

### Wahr oder falsch?

1. Klassische Musik ist in Deutschland nicht wichtig.
2. Die Ärzte sind eine bekannte Rockband in Deutschland.
3. Hip-Hop ist nur bei älteren Menschen beliebt.
4. Helene Fischer singt Schlager.
5. Elektronische Musik ist besonders in Clubs populär.

## Lücken füllen

Setze die passenden Wörter ein:

**(Rock, Schlager, Pop, elektronische Musik, Rap)**

1. Die beliebteste Musikrichtung in Deutschland ist ________.
2. ________ ist besonders bei jungen Menschen beliebt.
3. ________ wird oft auf Festivals wie Rock am Ring gespielt.
4. Viele Menschen hören ________ in Clubs.
5. ________ ist typisch deutsch und wird auf Partys gespielt.

## Schreibaufgabe:

1. Kennst du deutsche Musiker oder Bands?
2. Welche Musik magst du nicht?

## Dialog: Auf ein Konzert gehen

**Lena :** Hallo Max, hast du am Samstag Abend Zeit?

**Max :** Hallo Lena! Ja, ich habe Zeit. Warum fragst du?

**Lena :** Es gibt ein Konzert in der Stadt. Möchtest du mit mir hingehen?

**Max :** Oh, das klingt interessant! Welche Musik spielt die Band?

**Lena :** Sie spielen Rockmusik. Die Band heißt "Die Ärzte".

**Max :** Wow, "Die Ärzte"! Ich mag ihre Musik. Wann beginnt das Konzert?

**Lena :** Es fängt um 20 Uhr an. Wir könnten um 19:30 Uhr dort sein, dann haben wir noch Zeit für ein Getränk.

**Max :** Das klingt gut! Wo ist das Konzert?

**Lena :** Es ist in der großen Halle in der Innenstadt.

**Max :** Super! Ich freue mich schon. Soll ich die Tickets kaufen?

**Lena :** Ja, bitte! Ich gebe dir das Geld morgen.

**Max :** Kein Problem! Ich freue mich auf das Konzert.

## Fragen zum Dialog:

1. Was machen Lena und Max am Samstag?
2. Welche Musik spielt die Band"Die Ärzte"?
3. Wann beginnt das Konzert?
4. Wo findet das Konzert statt?
5. Was wird Lena am nächsten Tag tun?

## Aufgaben:

### Lücken füllen

Setze die passenden Wörter ein:

(**Konzert, Tickets, Rockmusik, Getränk, Band**)

1. Lena und Max gehen am Samstag zum ________.
2. Die ________ heißt "Die Ärzte".
3. Sie spielen ________.
4. Sie wollen vorher ein ________ trinken.
5. Max soll die ________ kaufen.

### Rollenspiel:

Lies den Dialog mit einem Partner laut vor und sprecht über ein Konzert, das ihr besuchen möchtet.

## Beliebte Musikinstrumente in Deutschland

In Deutschland gibt es viele beliebte Musikinstrumente, die Menschen gerne spielen. Einige Instrumente werden in der klassischen Musik gespielt, andere in der Pop- oder Rockmusik.

**Klavier** : Das Klavier ist eines der bekanntesten Musikinstrumente in Deutschland. Viele Menschen lernen es in der Schule oder in Musikschulen. Es hat Tasten, die man drückt, um Töne zu erzeugen. Klaviermusik hört man in vielen klassischen Konzerten, aber auch in der Popmusik.

**Gitarre :** Die Gitarre ist besonders beliebt bei jungen Leuten. Sie wird in vielen Musikrichtungen gespielt, vor allem in Rock, Pop und Folk. Es gibt akustische Gitarren, die ohne Verstärker spielen, und E-Gitarren, die verstärkt werden.

**Schlagzeug :** Das Schlagzeug ist ein weiteres beliebtes Instrument. In Rockbands und bei Konzerten ist das Schlagzeug sehr wichtig. Es besteht aus Trommeln und Becken, die mit Schlägeln geschlagen werden.

**Geige :** Die Geige ist ein wichtiges Instrument in der klassischen Musik. Sie hat vier Saiten und wird mit einem Bogen gestrichen. Viele Menschen spielen die Geige in Orchestern oder als Solokünstler.

**Flöte :** Die Flöte ist ein Blasinstrument. Man spielt sie, indem man in das Mundstück bläst. Sie ist besonders in Orchestern und in der klassischen Musik zu hören. Viele Kinder lernen die Flöte in der Schule.

**Trompete :** Die Trompete ist ein weiteres Blasinstrument. Sie wird in vielen Musikstilen gespielt, von klassischer Musik bis Jazz. Trompeter spielen oft in großen Orchestern oder Jazzbands.

In Deutschland gibt es viele Musikschulen und -vereine, in denen Menschen jeden Alters Musikinstrumente lernen können. Musik spielt eine große Rolle im Leben vieler Menschen und macht viel Spaß.

## Fragen zum Text:

1. Welches Instrument ist sehr bekannt und wird oft in Konzerten gespielt?
2. Was ist der Unterschied zwischen einer akustischen Gitarre und einer E-Gitarre?
3. Wie wird die Geige gespielt?
4. Für welche Art von Musik ist die Trompete wichtig?

## Aufgaben:

### Lücken füllen

Setze die passenden Wörter ein:

**(Gitarre, Klavier, Trompete, Schlagzeug, Flöte)**

1. Das ________ hat Tasten und wird gedrückt.
2. Viele Kinder lernen die ________ in der Schule.
3. Das ________ ist wichtig in Rockbands.
4. Die ________ wird mit einem Bogen gestrichen.
5. Die ________ ist ein Blasinstrument.

### Wahr oder falsch?

1. Das Klavier wird mit den Händen gespielt.
2. Schlagzeug wird mit den Füßen gespielt.
3. Die Trompete ist ein Blasinstrument.
4. Die Geige wird mit einem Bogen gestrichen.
5. Die Flöte hat Tasten.

## Schreibe einen kurzen Text:

1. Welches Musikinstrument findest du am interessantesten?
2. Warum gefällt dir dieses Instrument?
3. Spielst du dieses Instrument oder möchtest du es lernen?

## Dialog: Über Musikinstrumente sprechen

**Lisa :** Hallo Tom, spielst du ein Musikinstrument?

**Tom :** Ja, ich spiele Gitarre. Und du?

**Lisa :** Ich spiele Klavier. Seit wann spielst du Gitarre?

**Tom :** Ich spiele seit fünf Jahren Gitarre. Ich habe es in der Schule gelernt. Und du?

**Lisa :** Ich spiele Klavier seit ich ein Kind war. Meine Eltern haben mich in die Musikschule geschickt.

**Tom :** Das ist cool! Hast du schon einmal ein anderes Instrument gespielt?

**Lisa :** Ja, als ich jünger war, habe ich auch Flöte gelernt. Aber jetzt spiele ich nur noch Klavier.

**Tom :** Ich habe auch einmal Schlagzeug ausprobiert, aber ich mag die Gitarre mehr.

**Lisa :** Oh, Schlagzeug ist sicher spannend! Spielst du in einer Band?

**Tom :** Ja, ich spiele in einer Band mit meinen Freunden. Wir spielen Rockmusik.

**Lisa :** Das klingt toll! Vielleicht kommt ihr ja mal in meine Stadt. Ich würde gerne ein Konzert sehen.

**Tom :** Das wäre super! Wir hoffen, bald ein Konzert zu machen. Vielleicht sehen wir uns dann.

## Fragen zum Dialog:

1. Welches Instrument spielt Tom?
2. Seit wann spielt Lisa Klavier?
3. Welches Instrument hat Lisa noch gespielt?
4. Was hat Tom mit seinen Freunden gemacht?
5. Möchte Lisa ein Konzert sehen?

## Aufgaben:

### Lücken füllen

Setze die passenden Wörter ein:

**(Flöte, Klavier, Gitarre, Band, Schlagzeug)**

1. Tom spielt ________ und Lisa spielt ________.
2. Lisa hat, als sie jung war,________ gelernt.
3. Tom spielt in einer ________.
4. Tom hat einmal ________ ausprobiert.
5. Lisa spielt nur noch ________.

### Rollenspiel:

Lies den Dialog mit einem Partner laut vor und sprecht selbst über Musikinstrumente, die ihr spielt oder lernen möchtet.

## 📖 Wortlisten zum Thema Musik:

### Lücken füllen

Setze die passenden Wörter ein:

**(Musik, Konzert, Band, Album, Töne, Sängerin, Rock, Orchester)**

1. Meine Lieblingsmusikrichtung ist ________.
2. Eine ________ spielt auf der Bühne.
3. Viele Menschen gehen gerne zu einem ________.
4. Ein ________ ist eine Gruppe von Musikern, die zusammen spielen.
5. Das ________ von der Band ist sehr erfolgreich.
6. Du musst die richtigen ________ treffen, um ein schönes Lied zu singen.
7. Meine Freundin ist eine ________. Sie singt in einem Chor.
8. Auf der Bühne spielen sie Rock-________.

## Zuordnungsübung

Ordne die Begriffe den passenden Kategorien zu:

Wörter: Klavier, Rockmusik, Sänger, Gitarre, Schlagzeug, Konzert, Tanz, Jazz, Geige, Popmusik,Trompete, Akkordeon, Musiker, Konzerttournee, Metal, Orgel, Blues, DJ, Festival, Hip-Hop, Komponist, Saxophon, Flöte, Reggae, Dirigent, Punk, Cello, Harfe, Konzert, Electro, Soul, Musiker, Open-Air-Konzert, Country, Musikproduzent

**Instrumente:**

**Musikrichtungen:**

**Berufe:**

# Kapitel 11

# Shoppen und Kleidung

## Deutsches Einkaufsverhalten

In Deutschland hat das Einkaufen eine große Bedeutung im Alltag. Die Deutschen sind bekannt dafür, ihre Einkäufe gut zu planen und oft nach Qualität und Preis zu schauen. Es gibt viele verschiedene Möglichkeiten, wie und wo die Deutschen einkaufen.

### Supermärkte und Discounter

Die meisten Deutschen kaufen ihre Lebensmittel in Supermärkten oder Discountern ein. Bekannte Supermarktketten sind Edeka, Rewe und Kaufland. Discounter wie Aldi und Lidl sind ebenfalls sehr beliebt, weil die Preise dort oft günstiger sind. In den Supermärkten kaufen die Menschen Obst, Gemüse, Brot, Milchprodukte und Fleisch.

### Einkaufszentren und Fachgeschäfte

Für Kleidung und andere Produkte gehen viele Deutsche in

Einkaufszentren oder Fachgeschäfte. In großen Städten gibt es viele Einkaufszentren, die verschiedene Geschäfte unter einem Dach vereinen. Die Menschen gehen oft am Wochenende einkaufen, um neue Kleidung oder Schuhe zu kaufen.

## Online-Shopping

In den letzten Jahren ist Online-Shopping sehr populär geworden. Viele Deutsche kaufen Produkte wie Bücher, Elektronik oder Kleidung im Internet. Online-Shops wie Amazon und Zalando sind sehr bekannt. Die Menschen schätzen es, bequem von zu Hause aus einzukaufen und die Ware direkt an die Haustür geliefert zu bekommen.

## Marken und Qualität

Deutsche Käufer achten oft auf die Qualität der Produkte. Viele bevorzugen Markenprodukte, die sie für besser oder langlebiger halten. Es gibt jedoch auch eine große Nachfrage nach günstigen Produkten. Deshalb gibt es in Deutschland eine Mischung aus teuren Marken und günstigen Discounter-Produkten.

## Rabatte und Sonderangebote

Rabatte und Sonderangebote sind in Deutschland sehr beliebt. Viele Menschen warten auf den"Sale" oder auf Rabattaktionen, um Produkte günstiger zu kaufen. Besonders große Geschäfte bieten regelmäßig Sonderaktionen an, bei denen man etwas günstiger kaufen kann.

## Öffnungszeiten

Die Geschäfte in Deutschland haben von Montag bis Samstag geöffnet. Sonntags sind die meisten Läden geschlossen, aber in einigen Städten gibt es Ausnahmen, zum Beispiel in touristischen Gebieten oder an Bahnhöfen.

Einkaufen in Deutschland ist eine Mischung aus Planung, Qualität und guten Angeboten. Die Deutschen schätzen es, ihre Einkäufe gut zu organisieren und oft nach den besten Preisen zu suchen.

### Fragen zum Text:

1. Wo kaufen die meisten Deutschen ihre Lebensmittel?
2. Welche Supermärkte sind in Deutschland bekannt?
3. Was kaufen die Deutschen oft online?
4. Warum kaufen viele Deutsche Markenprodukte?
5. Was sind Rabatte und Sonderangebote?

## Aufgaben:

### Lücken füllen

Setze die passenden Wörter ein:

(**Supermärkte, Discountern, Online, Rabatte, Marken**)

1. In ________ wie Aldi und Lidl sind die Preise günstiger.
2. Viele Deutsche kaufen ihre Kleidung und Elektronik ________.
3. Die Deutschen achten oft auf die ________ der Produkte.
4. Viele Menschen warten auf ________, um günstiger einkaufen zu können.
5. ________ sind Orte, in denen man Lebensmittel kauft.

### Wahr oder falsch?

1. In Deutschland sind Online-Shops nicht sehr beliebt.
2. Die meisten Geschäfte in Deutschland haben sonntags geöffnet.
3. Rabatte und Sonderangebote sind in Deutschland beliebt.
4. Die Deutschen bevorzugen nur Markenprodukte.
5. In großen Städten gibt es viele Einkaufszentren.

### Schreibe einen kurzen Text:

1. Wo kaufst du am liebsten ein?
2. Kaufst du lieber im Geschäft oder online?
3. Achtes du auch auf Rabatte und Sonderangebote?

## Dialog: Shoppen gehen in der Stadt

**Sophie** : Hey Tim, hast du Zeit, heute in die Stadt zu gehen? Ich möchte ein paar Sachen shoppen.

**Tim** : Klar, das klingt gut! Was willst du kaufen?

**Sophie** : Ich brauche neue Jeans und ein schönes Oberteil. Mein Kleiderschrank ist schon wieder leer!

**Tim** : Ah, das kenne ich! Ich wollte eigentlich auch ein neues T-Shirt und eine Jacke kaufen. Es ist langsam kälter draußen.

**Sophie** : Dann gehen wir zuerst in den Mode-Laden. Die haben immer schöne Sachen. Und vielleicht finde ich noch Schuhe!

**Tim** : Ja, gute Idee! Ich hoffe, die haben auch Jacken in meiner Größe. Was für Jeans möchtest du?

**Sophie** : Am liebsten eine, die gut sitzt und nicht zu teuer ist. Vielleicht finde ich auch etwas im Sale!

**Tim** : Das wäre perfekt. Ich habe gehört, dass der Sale gerade angefangen hat. Vielleicht haben wir Glück!

**Sophie** : Oh, das wäre super! Dann holen wir uns danach einen Kaffee, wenn wir fertig sind.

**Tim** : Ja, das klingt nach einem Plan! Dann lass uns losgehen!

## Fragen zum Dialog:

1. Was will Sophie kaufen?
2. Was braucht Tim?
3. Wo wollen Sophie und Tim zuerst hin?
4. Was hofft Tim im Laden zu finden?
5. Was möchten Sophie und Tim nach dem Shoppen machen?

## Aufgaben:

### Lücken füllen

Setze die richtigen Wörter ein:

(Jacke, Jeans, Sale, Kaffee, Mode-Laden, T-Shirt, Oberteil)

1. Tim möchte ein neues ________ und eine ________ kaufen.
2. Sophie braucht neue ________ und ein schönes ________.
3. Sie gehen in einen ________, um Kleidung zu kaufen.
4. Sophie hofft, etwas im ________ zu finden.
5. Nach dem Einkaufen wollen sie einen ________ trinken.

**Rollenspiel:**
Spielt den Dialog zu zweit nach. Ändert die Sachen, die ihr kaufen möchtet, und übt, wie man über Einkaufen spricht.

**Schreibaufgabe:**
Schreibe einen kurzen Text über deinen letzten Einkauf. Was hast du gekauft? Wo hast du eingekauft?

## Beliebte Markenkleidung in Deutschland

In Deutschland sind Markenkleidung und bekannte Modemarken bei vielen Menschen sehr beliebt. Die Deutschen legen oft großen Wert auf Qualität und Design, wenn sie Kleidung kaufen. Besonders bei Marken, die für ihre guten Materialien und modernen Styles bekannt sind, geben viele Menschen gerne etwas mehr Geld aus.

### Bekannte Marken

In Deutschland gibt es viele beliebte Marken, die sowohl in großen Modehäusern als auch in Einkaufszentren oder online erhältlich sind. Zu den bekanntesten Marken gehören Adidas, Puma und Hugo Boss. Diese Marken bieten Kleidung für verschiedene Altersgruppen und Anlässe – von sportlicher Freizeitkleidung bis hin zu eleganter Mode für besondere Events.

## Sportliche Marken

Adidas und Puma sind weltweit bekannte Sportmarken, die nicht nur in Deutschland sehr beliebt sind. Beide Marken bieten nicht nur Sportkleidung, sondern auch Freizeitmode an. Adidas ist besonders für seine Schuhe und Sportbekleidung bekannt, während Puma ebenfalls eine große Auswahl an Sportartikeln und casual Kleidung hat. Viele junge Menschen in Deutschland tragen gerne Kleidung von diesen Marken, da sie sowohl stylisch als auch bequem ist.

## Modische Marken für den Alltag

Hugo Boss, Esprit, und Jack & Jones sind Marken, die besonders für stilvolle Alltagsmode bekannt sind. Diese Marken bieten sowohl klassische als auch moderne Kleidungsstücke an, die sich gut für den Alltag oder für das Büro eignen. Hugo Boss ist besonders bekannt für elegante Anzüge und hochwertige Businesskleidung, während Esprit für seine lockere und moderne Mode bekannt ist.

## Marken im Discountbereich

Neben den großen Modemarken gibt es in Deutschland auch Marken, die für günstige Mode bekannt sind. Marken wie H&M und C&A bieten modische Kleidung zu erschwinglichen Preisen an. Diese Marken sind besonders beliebt bei Studenten und jüngeren Menschen, die regelmäßig neue Kleidung kaufen möchten, ohne viel Geld auszugeben.

## Nachhaltige Mode

In den letzten Jahren gibt es in Deutschland auch einen Trend hin zu nachhaltiger Mode. Marken wie Patagonia oder ArmedAngels setzen auf umweltfreundliche Materialien und ethische Produktionsbedingungen. Immer mehr Deutsche interessieren sich für Kleidung, die unter fairen Arbeitsbedingungen produziert wird und umweltfreundlich ist.

## Fazit

Die Deutschen sind sehr markenbewusst, wenn es um Kleidung geht. Sie wählen oft Marken, die für Qualität, Stil und Komfort bekannt sind. Ob sportlich, modisch oder nachhaltig – es gibt viele verschiedene Marken, die den unterschiedlichen Geschmack und die Bedürfnisse der Menschen in Deutschland ansprechen.

**Fragen zum Text:**

1. Welche Marken sind in Deutschland besonders bekannt?
2. Welche Marken bieten Sportkleidung an?
3. Was ist typisch für die Mode von Hugo Boss?
4. Welche Marken sind für günstige Kleidung bekannt?
5. Was ist der Trend bei nachhaltiger Mode in Deutschland?

## Lücken füllen

Setze die richtigen Wörter ein:
(**Adidas, Puma, Hugo Boss, H&M, nachhaltige Mode**)

1. _________ und _________ sind zwei bekannte Sportmarken aus Deutschland.
2. ________ bietet elegante Kleidung für besondere Anlässe.
3. ________ ist eine Marke, die modische Kleidung zu günstigen Preisen anbietet.
4. Immer mehr Menschen in Deutschland interessieren sich für ________, die umweltfreundlich ist.
5. Marken wie ________ und ________ bieten sowohl Sportkleidung als auch Freizeitmode an.

## Wahr oder falsch?

1. Adidas ist bekannt für elegante Businesskleidung.
2. H&M ist eine Marke für günstige Mode.
3. Hugo Boss bietet Kleidung für den Alltag an.
4. Die Nachfrage nach nachhaltiger Mode wächst in Deutschland.
5. Puma ist eine bekannte Marke für Anzüge.

## Schreibaufgabe:

Schreibe einen kurzen Text über deine Lieblingsmarke.

1. Welche Kleidung kaufst du bei dieser Marke?
2. Warum magst du diese Marke?
3. Ist die Marke teuer oder günstig?

## Lücken füllen

Setze die richtigen Wörter aus der Liste in die Lücken ein.
**(Hose, Hemd, Kleid, Mantel, Schuhe, Jacke, T-Shirt, Rock, Socken, Pullover)**

1. Im Winter trage ich immer einen ________, weil es kalt ist.
2. Im Sommer ziehe ich gerne ein ________ an, weil es leicht und bequem ist.
3. Meine Mutter trägt oft einen schönen ________, wenn sie ausgeht.
4. Ich habe ein neues ________ für das Wochenende gekauft. Es ist weiß und aus Baumwolle.
5. Bei Regen trage ich immer meine ________, um nicht nass zu werden.
6. Im Winter brauche ich einen warmen ________, weil es draußen sehr kalt ist.
7. Ich habe viele ________ zu Hause, aber mein Lieblingspaar ist blau.
8. Im Büro trage ich meistens ein ________ und eine ________.
9. Ich kann meine ________ nie finden. Hast du meine gesehen?

## Ordne die Wörter den Kategorien zu

(Kategorien : **Bekleidung, Accessoires**)

Hose / Schal / Socken / Mütze / Hemd / Rock / Gürtel /
Handschuhe / T-Shirt / Stiefel

## Richtig oder falsch?

Lese die Sätze und markiere, ob sie richtig oder falsch sind.

1. Ein Pullover wird im Sommer getragen. (Richtig/Falsch)
2. Ein Kleid ist ein Oberteil für Frauen. (Richtig/Falsch)
3. Socken werden immer mit Sandalen getragen. (Richtig/Falsch)
4. Eine Jacke schützt vor Kälte. (Richtig/Falsch)
5. Schuhe sind Teil der Unterbekleidung. (Richtig/Falsch)

## Dialog: Kleidung kaufen

**Anna** : Hallo, ich brauche ein neues Kleid für eine Party. Können Sie mir helfen?

**Verkäuferin** : Natürlich! Welche Farbe gefällt Ihnen?

**Anna** : Ich denke an etwas in Rot oder Blau. Es soll nicht zu lang sein, eher etwas kürzer.

**Verkäuferin** : Wir haben hier ein schönes rotes Kleid. Es ist sehr elegant und ideal für eine Party. Möchten Sie es mal anprobieren?

**Anna** : Ja, das klingt gut. Wo ist die Umkleidekabine?

**Verkäuferin** : Die Umkleidekabinen sind da hinten links. Ich bringe Ihnen das Kleid.

**Anna** : Danke! Ich probiere es gleich an.

**Anna** : Oh, das Kleid ist wirklich schön, aber es ist mir etwas zu eng. Haben Sie eine größere Größe?

**Verkäuferin** : Ja, wir haben das Kleid auch in einer größeren Größe. Ich bringe es Ihnen gleich.

**Anna** : Perfekt, danke!

**Anna** : Ah, das passt viel besser! Ich nehme es.

**Verkäuferin** : Sehr gute Wahl! Möchten Sie noch etwas anderes kaufen? Vielleicht Schuhe oder Accessoires dazu?

**Anna :** Hmm, vielleicht noch ein Paar Schuhe. Haben Sie auch welche, die gut zum Kleid passen?

**Verkäuferin :** Ja, wir haben schwarze Pumps, die perfekt zu dem roten Kleid passen. Soll ich Ihnen welche holen?

**Anna :** Ja, bitte!

**Anna :** Die sind perfekt! Ich nehme sie auch.

**Verkäuferin :** Wunderbar! Möchten Sie noch etwas anderes?

**Anna :** Nein, das ist alles. Wie viel kostet das?

**Verkäuferin :** Das Kleid kostet 59,99 Euro und die Schuhe 39,99 Euro. Insgesamt 99,98 Euro.

**Anna :** Alles klar. Ich bezahle mit Karte.

**Verkäuferin :** Vielen Dank! Hier ist Ihr Einkauf. Viel Spaß auf der Party!

## Fragen zum Dialog:

1. Was für ein Kleid sucht Anna?
2. Passt das erste Kleid, das Anna anprobiert?
3. Welche Farbe und Größe nimmt Anna am Ende?
4. Was schlägt die Verkäuferin vor, um das Outfit zu vervollständigen?
5. Wie bezahlt Anna?

## Aufgaben:

### Lücken füllen:

Setze die richtigen Wörter aus dem Dialog in die Lücken ein:

**(Kleid, Schuhe, Umkleidekabine, rot, Karte)**

1. Anna sucht ein ________ für eine Party.
2. Die Verkäuferin zeigt Anna ein ________ Kleid.
3. Anna probiert das Kleid in der ________ an.
4. Anna möchte auch neue ________ kaufen.
5. Sie bezahlt mit der ________.

### Rollenspiel:

Spielt den Dialog nach. Eine Person spielt die Verkäuferin, die andere Anna. Tauscht die Rollen aus und übt den Dialog noch einmal.

### Dialog beim Einkaufen von Kleidung

**Kunde :** Guten Tag! Ich suche ein neues T-Shirt. Haben Sie etwas Schönes?

**Verkäuferin :** Hallo! Ja, wir haben viele T-Shirts. Welche Farbe möchten Sie?

**Kunde :** Ich denke, ein rotes T-Shirt wäre gut. Haben Sie das in meiner Größe?

**Verkäuferin :** Lassen Sie mich kurz nachsehen. (Sie schaut nach) Ja, wir haben Größe M und L. Welche Größe tragen Sie?

**Kunde :** Ich trage normalerweise Größe M. nehme es.

**Verkäuferin :** Perfekt! Hier ist ein rotes T-Shirt in Größe M. Möchten Sie es anprobieren?

**Kunde :** Ja, bitte. Wo sind die Umkleidekabinen?

**Verkäuferin :** Sie sind dort hinten links.

**Kunde :** Vielen Dank! (Der Kunde geht in die Umkleidekabine und kommt nach kurzer Zeit zurück) Das T-Shirt passt gut. Ich

**Verkäuferin :** Sehr schön! Möchten Sie noch etwas anderes kaufen? Vielleicht eine Hose oder eine Jacke?

**Kunde :** Ich brauche auch eine neue Jeans. Haben Sie die in Größe 32?

**Verkäuferin :** Ja, wir haben Jeans in Größe 32. Diese hier sind sehr beliebt. Möchten Sie sie anprobieren?

**Kunde :** Ja, ich probiere sie an.

**(Der Kunde kommt zurück, nachdem er die Jeans anprobiert hat)**

**Kunde:** Die Jeans passt gut, ich nehme sie auch.

**Verkäuferin :** Sehr gut! Möchten Sie bar oder mit Karte bezahlen?

**Kunde :** Mit Karte, bitte.

**Verkäuferin :** Alles klar, dann kommen Sie bitte zur Kasse.

**Kunde :** Vielen Dank für Ihre Hilfe!

**Verkäuferin :** Gern geschehen! Viel Spaß mit den neuen Sachen!

## Fragen zum Dialog

1. Was sucht der Kunde im Geschäft?
2. In welcher Größe möchte der Kunde das T-Shirt haben?
3. Wo befinden sich die Umkleidekabinen?
4. Was probiert der Kunde noch an?
5. Wie bezahlt der Kunde am Ende?

# Mode in Deutschland

Mode in Deutschland ist vielfältig und ändert sich oft, je nach Jahreszeit und Anlass. Viele Menschen in Deutschland legen großen Wert auf ihren Kleidungsstil. Es gibt unterschiedliche Modetrends, die jedes Jahr wechseln, aber auch klassische Kleidungsstücke, die immer modern bleiben.

## Klassische Kleidung

In Deutschland tragen viele Menschen im Alltag praktische und bequeme Kleidung. Dazu gehören zum Beispiel Jeans, T-Shirts, Pullover und Jacken. Diese Kleidungsstücke sind einfach zu kombinieren und passen zu fast jedem Anlass. Auch Sneakers und Stiefel sind sehr beliebt, besonders im Winter.

## Mode für besondere Anlässe

Zu besonderen Anlässen wie Hochzeiten, Partys oder Büroarbeit tragen viele Menschen in Deutschland eleganteredKleidung. Damen tragen oft Kleider oder Röcke und dazu elegante Schuhe. Herren wählen häufig einen Anzug oder ein Hemden und eine Krawatte. In vielen deutschen Städten gibt es auch Designerläden, in denen man teure und stylische Mode kaufen kann.

## Sommer- und Wintermode

Die Mode in Deutschland verändert sich je nach Jahreszeit. Im Sommer tragen die Menschen gerne leichte Kleidungwie T-Shirts, Shorts und Sommerkleider. Im Winter sind Mäntel, Schals, Handschuhe und Stiefel wichtig, um sich vor der Kälte zu schützen.

## Modetrends

In Deutschland gibt es viele verschiedene Modetrends. Im Moment sind Streetwear, Sportbekleidung und nachhaltige Mode besonders angesagt. Viele Menschen kaufen Kleidung, die aus umweltfreundlichen Materialien hergestellt wird. Auch Second-Hand-Kleidung ist sehr beliebt, weil sie günstiger ist und die Umwelt schont.

## Mode und Individualität

Viele Menschen in Deutschland drücken sich durch ihre Kleidung aus. Einige bevorzugen einen sportlichen Stil, während andere sich für einen klassischen oder modernen Look entscheiden. Besonders in großen Städten wie Berlin, Hamburg oder München sieht man oft viele verschiedene Stile. Mode ist also auch eine Möglichkeit, seine Persönlichkeit zu zeigen.

### Fragen zum Text:

1. Welche Kleidung tragen viele Menschen in Deutschland im Alltag?
2. Was tragen die Menschen zu besonderen Anlässen wie Hochzeiten oder Partys?
3. Welche Kleidungsstücke sind im Sommer besonders beliebt?
4. Was tragen die Menschen im Winter, um sich vor der Kälte zu schützen?
5. Was sind aktuelle Modetrends in Deutschland?

## Lücken füllen

Setze die richtigen Wörter in die Lücken ein.

**(Jeans, Kleid, Pullover, Stiefel, Second-Hand-Kleidung, T-Shirt)**

1. Im Winter tragen viele Menschen in Deutschland ________ und ________, um sich warm zu halten.
2. Zu einer Hochzeit trägt man oft ein elegantes ________.
3. Im Sommer trägt man gerne ________ und ________.
4. Viele Menschen kaufen auch ________, weil sie umweltfreundlich und günstig ist.

## Wahr oder Falsch?

Lese die Sätze und entscheide, ob sie richtig oder falsch sind:

In Deutschland tragen viele Menschen im Alltag sehr elegante Kleidung.

Im Sommer trägt man in Deutschland gerne warme Mäntel.

Second-Hand-Kleidung ist in Deutschland nicht sehr beliebt.

Mode ist eine Möglichkeit, die Persönlichkeit zu zeigen.

Sneaker sind im Winter nicht so beliebt.

# Kapitel 12

# Gesundheit

## Gesundheit in Deutschland

In Deutschland ist Gesundheit sehr wichtig. Die Menschen achten auf eine gesunde Ernährung, regelmäßige Bewegung und viel frische Luft. Es gibt viele Möglichkeiten, gesund zu leben. Zum Beispiel gehen viele Menschen zum Sport oder machen Spaziergänge im Park.

Gesunde Ernährung ist ein wichtiger Teil des Lebens. In Deutschland essen die Menschen viel Obst und Gemüse. Auch Brot, Käse und Fleisch gehören zur täglichen Ernährung. Es gibt viele verschiedene Diäten, zum Beispiel vegetarisch oder vegan. Viele Menschen in Deutschland trinken auch viel Wasser oder Tee.

Neben der Ernährung ist Bewegung wichtig. Viele Deutsche machen Sport, um gesund zu bleiben. Sie gehen ins Fitnessstudio, fahren Fahrrad oder schwimmen. Im Winter fahren viele auch Ski oder machen andere Wintersportarten. Sport hilft, den Körper fit zu halten und Krankheiten zu vermeiden.

Auch die regelmäßige Kontrolle beim Arzt ist ein wichtiger Teil der Gesundheitsvorsorge. In Deutschland gibt es viele Ärzte und Krankenhäuser. Wenn jemand krank ist, geht er zum Arzt. Viele Menschen haben eine **Krankenversicherung**, die die Kosten für Arztbesuche und Behandlungen übernimmt.

Ein gesunder Lebensstil ist in Deutschland sehr wichtig, und viele Menschen versuchen, auf ihre Gesundheit zu achten. Sie wissen, dass man mit einer guten Ernährung und viel Bewegung fit und gesund bleiben kann.

### Fragen zum Text:

1. Was ist in Deutschland wichtig für die Gesundheit?
2. Welche Lebensmittel essen die Menschen in Deutschland häufig?
3. Was machen viele Menschen in Deutschland, um gesund zu bleiben?
4. Warum gehen Menschen zum Arzt?
5. Was hilft, den Körper fit zu halten?

### Lücken füllen:

Setze die richtigen Wörter in die Lücken ein.
(**Sport, Arzt, Ernährung, Obst, Wasser**)

1. In Deutschland essen die Menschen viel ________ und Gemüse.
2. Viele Deutsche gehen regelmäßig zum ________, wenn sie krank sind.
3. ________ hilft, den Körper fit zu halten.
4. Es ist wichtig, viel ________ zu trinken.
5. Eine gesunde ________ ist wichtig, um gesund zu bleiben.

## Wahr oder Falsch?

Lese die Sätze und entscheide, ob sie richtig oder falsch sind:

1. In Deutschland essen die Menschen immer Fast Food.
2. Bewegung ist wichtig für die Gesundheit.
3. Jeder Deutsche muss zum Arzt gehen, auch wenn er gesund ist.
4. Viele Menschen in Deutschland haben eine Krankenversicherung.
5. Gesunde Ernährung spielt in Deutschland keine Rolle.

### Dialog zum Thema Gesundheit

**Lena** : Hallo Tom! Wie geht's dir?

**Tom** : Hallo Lena! Mir geht es gut, danke. Ich habe in letzter Zeit viel Sport gemacht, um fit zu bleiben. Und du?

**Lena** : Das ist super! Ich habe auch angefangen, mehr Sport zu treiben. Jeden Morgen mache ich einen Spaziergang im Park. Es tut gut, frische Luft zu atmen.

**Tom** : Ja, das ist wirklich wichtig. Ich gehe meistens ins Fitnessstudio, aber ich fahre auch viel Fahrrad. Bewegung ist sehr gut für die Gesundheit.

**Lena** : Absolut! Ich achte auch auf meine Ernährung. Ich esse mehr Obst und Gemüse und trinke viel Wasser. Hast du einen besonderen Ernährungsplan?

**Tom :** Ich versuche, weniger Zucker zu essen und mehr gesunde Sachen zu trinken, wie grünen Tee. Aber manchmal esse ich auch ein Stück Schokolade, das darf ruhig sein, oder?

**Lena :** Natürlich, ein bisschen Schokolade ist okay! Es geht um das Gleichgewicht. Und wie ist es bei dir mit den Arztbesuchen? Gehst du regelmäßig zum Arzt?

**Tom:** Ja, ich gehe einmal im Jahr zum Check-up, um sicherzustellen, dass alles in Ordnung ist. Und du?

**Lena :** Ich gehe auch regelmäßig zum Arzt. Es ist wichtig, auf sich selbst zu achten und auf die Gesundheit zu achten.

**Tom :** Da hast du recht. Gesundheit ist wirklich wichtig.

**Lena :** Genau! Und es ist gut, dass wir uns gegenseitig motivieren, gesund zu bleiben.

**Tom:** Ja, das stimmt! Wir können uns ja mal zu einem gemeinsamen Spaziergang oder Sporteinheit verabreden!

**Lena :** Das wäre toll! Ich freue mich darauf.

## Fragen zum Dialog

1. Was macht Tom, um fit zu bleiben?
2. Was macht Lena, um gesund zu bleiben?
3. Was trinkt Tom regelmäßig?
4. Was ist für Lena wichtig bei der Ernährung?
5. Was schlägt Tom vor, um gemeinsam gesund zu bleiben?

## Arztbesuch in Deutschland

In Deutschland gehen viele Menschen regelmäßig zum Arzt. Wenn jemand krank ist oder Schmerzen hat, macht er einen Termin beim Arzt. Es gibt viele verschiedene Ärzte, zum Beispiel Hausärzte, Zahnarzt oder Augenarzt. Der Hausarzt ist der erste Arzt, den man normalerweise besucht. Wenn der Hausarzt Hilfe braucht, kann er einen anderen Spezialisten empfehlen.

Bevor man zum Arzt geht, muss man sich eine Krankenversicherung besorgen. Die Krankenversicherung hilft, die Kosten für Arztbesuche zu bezahlen. In Deutschland gibt es eine gesetzliche Krankenversicherung und private Krankenversicherungen.

Wenn man zum Arzt geht, sagt man ihm, wie man sich fühlt und was weh tut. Der Arzt fragt nach Symptomen und untersucht den Patienten. Manchmal sind auch Bluttests oder Röntgenaufnahmen nötig, um die Krankheit zu verstehen.

Nach dem Arztbesuch bekommt man ein Rezept, wenn man Medikamente braucht. Manche Medikamente kann man in der Apotheke kaufen. Der Arzt kann auch sagen, ob man eine Krankenhausbehandlung braucht.

In Deutschland ist es sehr wichtig, regelmäßig zum Arzt zu gehen, um gesund zu bleiben. Viele Menschen gehen einmal im Jahr zum Check-up, um sicherzustellen, dass sie keine Krankheiten haben.

## Fragen zum Text:

1. Wann geht man in Deutschland zum Arzt?
2. Was muss man haben, bevor man zum Arzt gehen kann?
3. Was ist der Unterschied zwischen einem Hausarzt und einem Spezialisten?
4. Was passiert beim Arztbesuch?
5. Was ist ein Rezept?
6. Was ist ein Check-up?

## Lücken füllen:

Setze die richtigen Wörter in die Lücken ein.

(**Arzt, Krankenhaus, Krankenversicherung, Rezept, Bluttest**)

1. In Deutschland ist es wichtig, eine ________ zu haben.
2. Wenn man Medikamente braucht, bekommt man ein ________ vom Arzt.
3. Manchmal macht der Arzt einen _________, um mehr über die Krankheit zu erfahren.
4. Wenn man eine schwere Krankheit hat, kann der Arzt einen ins ________ schicken.
5. Der ________ hilft dabei, die Krankheit zu diagnostizieren.

## Wahr oder Falsch?

Lese die Sätze und entscheide, ob sie richtig oder falsch sind:

1. In Deutschland muss man keine Krankenversicherung haben.
2. Der Hausarzt ist der erste Arzt, den man normalerweise besucht.
3. Beim Arztbesuch wird immer ein Bluttest gemacht.
4. Ein Rezept ist ein Formular, um Medikamente zu kaufen.
5. Man geht nur zum Arzt, wenn man sehr krank ist.

### Dialog zum Thema Arztbesuch

**Patient :** Guten Morgen, ich habe einen Termin bei Dr. Müller.

**Sprechstundenhilfe :** Guten Morgen! Ja, Ihr Termin ist für 10 Uhr. Können Sie bitte Ihre Versichertenkarte zeigen?

**Patient :** Natürlich, hier ist meine Karte.

**Sprechstundenhilfe :** Danke. Bitte setzen Sie sich, Dr. Müller wird gleich zu Ihnen kommen.

**(Einige Minuten später)**

**Arzt :** Guten Morgen! Was führt Sie heute zu mir?

**Patient :** Guten Morgen, Herr Doktor. Ich habe seit zwei Tagen starke Kopfschmerzen. Außerdem fühle ich mich sehr müde.

**Arzt :** Das tut mir leid zu hören. Haben Sie noch andere Symptome, zum Beispiel Fieber oder Husten?

**Patient :** Nein, Fieber habe ich nicht, aber ich habe manchmal auch etwas Halsschmerzen.

**Arzt :** Hmm, das könnte eine Grippe oder ein Virus sein. Ich werde Sie untersuchen. Bitte setzen Sie sich hier auf die Liege.

**Arzt :** Es sieht nach einer einfachen Erkältung aus. Ich empfehle, viel Wasser zu trinken und viel Ruhe zu nehmen. Ich schreibe Ihnen auch ein Rezept für ein Medikament gegen die Schmerzen.

**Patient :** Vielen Dank, Herr Doktor. Wie lange dauert es, bis ich mich besser fühle?

**Arzt :** In der Regel dauert es 3 bis 5 Tage, bis die Symptome nachlassen. Wenn es sich verschlechtert oder Sie Fieber bekommen, kommen Sie bitte wieder.

**Patient :** Alles klar, danke für Ihre Hilfe!

**Arzt :** Gern geschehen! Gute Besserung!

## Fragen zum Dialog

1. Warum geht der Patient zum Arzt?
2. Welche Symptome hat der Patient?
3. Was empfiehlt der Arzt dem Patienten?
4. Was bekommt der Patient vom Arzt?
5. Wie lange dauert es, bis sich der Patient besser fühlt?

## Dialog zum Thema Arztbesuch

**Patient :** Guten Tag, ich habe heute um 14 Uhr einen Termin bei Dr. Schneider.

**Sprechstundenhilfe :** Guten Tag! Ja, Ihr Termin ist eingetragen. Haben Sie bitte Ihre Versichertenkarte dabei?

**Patient :** Ja, hier ist meine Karte.

**Sprechstundenhilfe :** Vielen Dank. Bitte setzen Sie sich, Dr. Schneider wird gleich zu Ihnen kommen.

**(Einige Minuten später)**

**Arzt :** Guten Tag, Herr Müller! Wie kann ich Ihnen helfen?

**Patient :** Guten Tag, Herr Doktor. Ich habe seit einigen Tagen Schmerzen im Rücken, vor allem im unteren Bereich. Es tut besonders weh, wenn ich sitze oder mich bücke.

**Arzt :** Das klingt unangenehm. Haben Sie auch Probleme beim Laufen oder Husten?

**Patient :** Nein, beim Laufen geht es, aber das Sitzen ist wirklich schwierig.

**Arzt :** Ich verstehe. Lassen Sie mich Ihren Rücken einmal untersuchen. Bitte legen Sie sich auf die Liege.

**(Der Arzt untersucht den Rücken des Patienten)**

**Arzt :** Es scheint, dass Ihr Rücken durch falsches Sitzen oder zu viel Sitzen verspannt ist. Ich werde Ihnen eine Salbe verschreiben, die hilft, die Muskeln zu entspannen. Außerdem sollten Sie regelmäßig aufstehen und sich dehnen.

**Patient :** Vielen Dank, Herr Doktor. Muss ich noch etwas beachten?

**Arzt :** Ja, es wäre gut, wenn Sie auch eine Pause bei der Arbeit einlegen und die Haltung am Schreibtisch verbessern. Falls die Schmerzen stärker werden oder nicht besser werden, kommen Sie bitte wieder.

**Patient :** Ich werde es versuchen. Vielen Dank für Ihre Hilfe!

**Arzt :** Gern geschehen! Gute Besserung!

## Fragen zum Dialog

1. Warum geht der Patient zum Arzt?
2. Welche Symptome hat der Patient?
3. Was untersucht der Arzt?
4. Was verschreibt der Arzt dem Patienten?
5. Was empfiehlt der Arzt dem Patienten zu tun?

## Aufgaben:

## Lücken füllen:

Setze die richtigen Wörter in die Lücken ein.

(**Arzt, Kopfschmerzen, Salbe, Fieber, Rezept**)

1. Ich habe ________ und brauche Medikamente.
2. Der Arzt verschreibt mir eine ________ gegen die Schmerzen.
3. Wenn du ________ hast, solltest du ins Bett gehen und viel trinken.
4. Der ________ untersucht den Patienten.
5. Nach dem Arztbesuch bekommt man ein _________ für Medikamente.

### Wahr oder Falsch?

Lese die Sätze und entscheide, ob sie richtig oder falsch sind:

1. Der Patient geht zum Arzt, weil er Husten hat.
2. Beim Arztbesuch bekommt man immer ein Rezept.
3. Der Arzt gibt keine Empfehlungen für den Lebensstil.
4. Der Arzt kann dir bei Kopfschmerzen helfen.
5. Du gehst zum Arzt, wenn du dich gut fühlst.

### Beantworte die folgenden Fragen:

1. Was machst du, wenn du krank bist?
2. Wann gehst du zum Arzt?
3. Was kann der Arzt tun, um dir zu helfen?
4. Was ist ein Rezept?
5. Was sollst du tun, wenn du Kopfschmerzen hast?

## Wortlisten zum Thema "Symptome und Krankheiten"

### Symptome:

**Kopfschmerzen** – Schmerzen im Kopf.

**Fieber** – Hohe Körpertemperatur.

**Husten** – Wenn man die Luft durch den Mund ausstößt, weil man krank ist.

**Halsschmerzen** – Schmerzen im Hals.

**Schnupfen** – Wenn die Nase verstopft ist oder läuft.
**Übelkeit** – Wenn einem schlecht ist oder man sich übergeben möchte.
**Schwindel** – Wenn man sich nicht gut fühlt und das Gefühl hat, zu fallen.
**Schmerzen** – Ein unangenehmes Gefühl im Körper.
**Müdigkeit** – Wenn man sich sehr müde fühlt.
**Rückenschmerzen** – Schmerzen im Rücken.
**Bauchschmerzen** – Schmerzen im Bauchbereich.
**Durchfall** – Sehr häufiges Stuhlgang, oft flüssig.
**Erbrechen** – Wenn der Mageninhalt nach oben kommt.
**Atemnot** – Schwierigkeiten beim Atmen.

## Krankheiten:

**Erkältung** – Eine leichte Krankheit, die Husten, Schnupfen und Halsschmerzen verursacht.
**Grippe** – Eine stärkere Erkältung mit Fieber und Muskelschmerzen.
**Bronchitis** – Eine Krankheit der Bronchien, die Husten und Atembeschwerden verursacht.
**Lungenentzündung** – Eine ernste Krankheit, die die Lunge betrifft und oft Fieber verursacht.
**Magen-Darm-Grippe** – Eine Krankheit, die Durchfall und Erbrechen verursacht.
**Diabetes** – Eine Krankheit, bei der der Zucker im Blut zu hoch ist.
**Asthma** – Eine Krankheit, bei der die Atemwege eng werden, was das Atmen schwer macht.
**Allergie** – Eine Reaktion des Körpers auf bestimmte Stoffe, wie Pollen oder Tierhaare.
**Rheuma** – Eine Krankheit, die die Gelenke betrifft und Schmerzen

verursacht.

**Krebs** – Eine ernste Krankheit, bei der Zellen im Körper unkontrolliert wachsen.

**Herzinfarkt** – Ein plötzliches Problem mit dem Herzen, bei dem das Herz nicht mehr richtig funktioniert.

**Schlaganfall** – Ein plötzliches Problem im Gehirn, das das Sprechen oder Bewegen schwer macht.

### Rollenspiel

Arbeite mit einem Partner zusammen. Einer spielt den Patienten, der andere den Arzt. Der Patient hat Schmerzen, und der Arzt fragt nach den Symptomen und gibt Empfehlungen.

**Patient:** Ich habe ________ und ________.

**Arzt:** Ich empfehle ________ und gebe dir ein ________.

**Patient:** Vielen Dank, Herr Doktor!

# Kapitel 13

# Gefühle

Gefühle sind ein wichtiger Teil unseres Lebens. Sie zeigen uns, wie wir auf die Welt und die Menschen um uns reagieren. In diesem Text lernst du die wichtigsten Gefühle kennen und wie man sie ausdrücken kann.

## Was sind Gefühle?

Gefühle sind innere Empfindungen, die wir haben, wenn etwas passiert. Sie können positiv oder negativ sein und beeinflussen oft, wie wir uns verhalten. Gefühle helfen uns zu verstehen, was wir mögen und was uns nicht gefällt.

### Beispiele für Gefühle:

- **Glück** : Wenn wir uns freuen, sind wir **glücklich**. Zum Beispiel, wenn wir einen guten Freund sehen oder einen schönen Tag haben.
- **Traurigkeit** : Wenn wir uns schlecht oder traurig fühlen, haben wir **Traurigkeit**. Zum Beispiel, wenn wir eine schlechte Nachricht bekommen.

- **Wut** : Wenn wir uns ärgern oder unzufrieden sind, fühlen wir **Wut**. Zum Beispiel, wenn etwas nicht nach unserem Wunsch geht.
- **Angst** : Wenn wir uns vor etwas fürchten, haben wir **Angst**. Zum Beispiel, wenn wir in der Dunkelheit sind oder einen schlechten Traum haben.
- **Liebe** : Wenn wir uns gut und warm fühlen, weil wir jemanden sehr mögen, sprechen wir von **Liebe**. Zum Beispiel, wenn wir unsere Familie oder einen Freund umarmen.

## Gefühle erkennen:

Manchmal wissen wir sofort, wie wir uns fühlen. Zum Beispiel spüren wir **Angst**, wenn wir plötzlich ein lautes Geräusch hören. Manchmal müssen wir aber auch nachdenken, um unser Gefühl zu verstehen. Ein Beispiel: Wenn du traurig bist, weil ein Freund wegzieht, fühlst du dich vielleicht auch **einsam**.

## Gefühle zeigen:

Es gibt viele Wege, wie wir unsere Gefühle ausdrücken können. Wir können darüber sprechen, zum Beispiel:

"Ich bin **glücklich**, weil ich ein tolles Geschenk bekommen habe."
"Ich bin **wütend**, weil mein Bruder mein Spielzeug kaputt gemacht hat."
"Ich fühle mich **ängstlich**, weil morgen eine wichtige Prüfung ist."

## Warum sind Gefühle wichtig?

Gefühle helfen uns, mit anderen Menschen zu kommunizieren. Sie zeigen, was wir brauchen oder was uns nicht **gefällt**. Wenn du zum Beispiel glücklich bist, kannst du es anderen zeigen, indem du lächelst oder lachst. Wenn du **traurig** bist, wirst du es vielleicht merken, weil du weniger redest oder weinst.

## Fazit

Gefühle sind ein natürlicher Teil des Lebens. Sie können uns helfen, unser Leben besser zu verstehen und mit anderen Menschen zu kommunizieren. Es ist wichtig, über unsere Gefühle zu sprechen und sie zu erkennen, damit wir wissen, was wir brauchen oder was uns hilft, uns besser zu fühlen.

**Fragen:**

1. Was ist ein Beispiel für Glück?
2. Wann fühlst du dich traurig?
3. Was bedeutet es, wütend zu sein?
4. Warum sind Gefühle wichtig?
5. Wie kannst du deine Gefühle ausdrücken?

**Übung :**

Schreibe drei Sätze über deine Gefühle. Benutze die Wörter **glücklich**, **ängstlich** und **wütend**.

## Kurze Dialoge zu verschiedenen Gefühlen

### 1. Glücklich

- Person 1 : Wie geht's dir heute?
- Person 2 : Mir geht's super! Ich bin glücklich, weil ich ein neues Fahrrad habe.
- Person 1 : Oh, das ist toll! Herzlichen Glückwunsch!

### 2. Traurig

- Person 1 : Du siehst heute traurig aus. Was ist los?
- Person 2 : Ja, ich bin traurig, weil mein Hund krank ist.
- Person 1 : Das tut mir leid. Ich hoffe, er wird bald wieder gesund.

### 3. Wütend

- Person 1 : Warum bist du so wütend?
- Person 2 : Mein Bruder hat mein Handy ohne Erlaubnis genommen.
- Person 1 : Oh nein, das ist wirklich ärgerlich!

### 4. Angst

- Person 1 : Warum hast du Angst?
- Person 2 : Ich habe morgen eine wichtige Prüfung und ich bin ängstlich.
- Person 1 : Keine Sorge, du wirst es gut machen. Viel Glück!

## 5. Überrascht

- Person 1 : Du siehst überrascht aus!
- Person 2 : Ja, ich bin überrascht, weil ich einen Brief von meiner alten Freundin bekommen habe.
- Person 1 : Wie schön! Das muss dich wirklich gefreut haben.

## 6. Entspannt

- Person 1 : Du siehst so entspannt aus! Was hast du heute gemacht?
- Person 2 : Ich bin den ganzen Nachmittag im Park spazieren gegangen und es war sehr ruhig.
- Person 1 : Das klingt wirklich entspannend!

## 7. Nervös

- Person 1 : Warum bist du so nervös?
- Person 2 : Ich habe morgen ein Vorstellungsgespräch und bin sehr nervös.
- Person 1 : Das ist verständlich, aber du wirst das bestimmt gut machen!

## 8. Verliebt

- Person 1 : Du siehst heute sehr glücklich aus!
- Person 2 : Ja, ich bin verliebt. Ich habe meinen Freund endlich wieder getroffen.
- Person 1 : Das ist so schön! Ich freue mich für dich!

## Übung : Gefühle zuordnen

Ordne die Gefühle den richtigen Beschreibungen zu.

| Gefühl | Beschreibung |
|---|---|
| 1. glücklich | a) Ein Freund hatte einen Unfall. |
| 2. traurig | b) Du hast eine wichtige Prüfung. |
| 3. wütend | c) Etwas schönes ist passiert. |
| 4. nervös | d) Jemand hat etwas getan, was dir nicht gefällt. |
| 5. entspannt | e) Du bist alleine und ess ist sehr dunkel auf dem Heimweg. |
| 6. ängstlich | f) Du fühlst dich ruhig und sicher. |

## Übung : Lücken füllen

Fülle die Lücken mit den richtigen Gefühlen aus.

**(glücklich, nervös, traurig, entspannt, stolz, müde)**

1. Ich bin heute ________, weil die Sonne scheint.
2. Vor der Prüfung bin ich sehr ________.
3. Ich fühle mich ________, weil ich meine Familie besuche.
4. Er ist ________, weil er sein Ziel erreicht hat.
5. Sie ist ________, weil ihr Hund krank ist.
6. Er fühlt sich ________, weil er den ganzen Tag gearbeitet hat.

## Übung : Richtig oder Falsch?

Lese die Sätze und bestimme, ob sie richtig oder falsch sind.

1. Wenn du wütend bist, fühlst du dich ruhig und entspannt.
2. Wenn du ängstlich bist, hast du oft Angst vor etwas.
3. Wenn du glücklich bist, hast du schlechte Laune.
4. Wenn du traurig bist, bist du vielleicht am Weinen.
5. Wenn du nervös bist, fühlst du dich ruhig.

## Übung : Verbinde die Gefühle mit der richtigen Aktion

Verbinde die Gefühle mit der richtigen Aktion oder dem richtigen Verhalten.

| | | |
|---|---|---|
| 1. **glücklich** | - | a) Weinen |
| 2. **ängstlich** | - | b) Lächeln |
| 3. **traurig** | - | c) Schimpfen |
| 4. **wütend** | - | d) Zittern |
| 5. **entspannt** | - | e) Ruhiges Atmen und sich ausruhen |

# Kapitel 14

# Meine Wohnung

## Wohnen in Deutschland

In Deutschland gibt es viele verschiedene Wohnungen und Häuser. Manche Menschen wohnen in einem Haus, andere in einer Wohnung. Ein Haus hat oft einen Garten. Eine Wohnung hat manchmal einen Balkon.

In der Stadt gibt es viele Wohnungen. Auf dem Land gibt es viele Häuser. In Deutschland ist es normal, Möbel selbst zu kaufen. Neue Mieter bringen ihre Küche oft mit.

Die Miete in Deutschland ist unterschiedlich. In großen Städten wie Berlin oder München ist die Miete oft hoch. Auf dem Land ist die Miete meistens billiger.

Viele Menschen wohnen gerne in der Nähe von ihrem Arbeitsplatz. So haben sie einen kurzen Weg zur Arbeit. Andere wohnen lieber ruhig auf dem Land.

Wohnen in Deutschland ist vielfältig!

## Richtig oder falsch?

Lies die Sätze und schreibe richtig oder falsch.

1. In Deutschland wohnen alle Menschen in Häusern.
2. Wohnungen in der Stadt haben oft einen Garten.
3. Auf dem Land ist die Miete oft billiger als in der Stadt.
4. Viele Menschen kaufen ihre Möbel selbst.
5. In Deutschland gibt es nur Wohnungen.

### Ergänze die Wörter.

Fülle die Lücken mit den richtigen Wörtern aus dem Text.

1. Ein Haus hat oft einen ________.
2. In der ________ gibt es viele Wohnungen.
3. Die Miete in großen ________ ist oft hoch.
4. Viele Menschen wohnen gerne in der Nähe von ihrem ________.
5. Auf dem Land wohnen viele Menschen lieber, weil es________ ist.

### Beantworte die Fragen.

Schreibe eine kurze Antwort.

1. Wo ist die Miete meistens billiger: in der Stadt oder auf dem Land?
2. Was bringen viele Mieter selbst mit?
3. Wo gibt es mehr Wohnungen: in der Stadt oder auf dem Land?

## Sprich darüber!

Diskutiere mit einem Partner:

1. Wohnst du in einer Wohnung oder in einem Haus?
2. Was findest du besser: in der Stadt oder auf dem Land zu wohnen? Warum?

### Dialog: Wo wohnst du?

**Anna :** Hallo, Peter! Wo wohnst du?

**Peter :** Ich wohne in Hamburg, in einer Wohnung. Und du?

**Anna :** Ich wohne auch in Hamburg, aber in einem Haus. Magst du das Leben in der Stadt?

**Peter :** Ja, ich mag es. Alles ist in der Nähe: Geschäfte, Restaurants und der Park. Was gefällt dir in der Stadt?

**Anna :** Mir gefällt, dass es viele Busse und Bahnen gibt. Ich brauche kein Auto.

**Peter :** Das stimmt. Aber es ist oft laut, oder?

**Anna :** Ja, manchmal. Aber das macht mir nichts aus. Wo ist deine Wohnung?

**Peter :** Meine Wohnung ist in der Nähe vom Bahnhof. Und dein Haus?

**Anna :** Mein Haus ist in einem ruhigen Viertel, nicht weit vom Zentrum.

**Peter :** Das klingt schön. Vielleicht komme ich mal vorbei!

**Anna :** Gerne!

## Richtig oder falsch?

Lies die Sätze und schreibe richtig oder falsch.

1. Peter wohnt in einem Haus in der Stadt.
2. Anna mag, dass sie in der Stadt kein Auto braucht.
3. Peters Wohnung ist in der Nähe vom Park.
4. Anna wohnt in einem ruhigen Viertel.
5. Peter findet es in der Stadt leise.

## Ergänze die Sätze:

Fülle die Lücken mit den richtigen Wörtern.

1. Peter wohnt in einer ________ in der Stadt.
2. Anna braucht kein ________, weil es viele Busse und Bahnen gibt.
3. Peters Wohnung ist in der Nähe vom ________.
4. Anna wohnt in einem ________ Viertel.

## Beantworte die Fragen:

1. Was mag Peter am Leben in der Stadt?
2. Was gefällt Anna in der Stadt?
3. Wo ist Peters Wohnung?
4. Wie beschreibt Anna ihr Viertel?

## Sprich mit einem Partner:

Was findest du in der Stadt praktisch?

## Dialog: Dorf und Stadt

**Lisa :** Hallo, Max! Wo wohnst du?

**Max :** Ich wohne auf dem Land, in einem kleinen Dorf. Und du?

**Lisa :** Ich wohne in der Stadt. Wie ist das Leben auf dem Land?

**Max :** Es ist sehr ruhig. Es gibt viele Bäume, Felder und Tiere.

**Lisa :** Das klingt schön! Gibt es auch Geschäfte in deinem Dorf?

**Max :** Ja, aber nur einen kleinen Supermarkt und eine Bäckerei. Für größere Einkäufe fahre ich in die Stadt.

**Lisa :** Ist es nicht langweilig auf dem Land?

**Max :** Nein, gar nicht. Ich mag die Natur und die frische Luft. Und du? Magst du das Land?

**Lisa :** Ja, aber ich finde die Stadt praktischer. Es gibt mehr Cafés, Geschäfte und Kinos.

**Max :** Das stimmt. Aber ich liebe die Ruhe hier. Vielleicht besuchst du mich mal!

**Lisa :** Gute Idee! Ich komme gerne vorbei.

## Richtig oder falsch?

Lies die Sätze und schreibe richtig oder falsch.

1. Max wohnt in der Stadt.
2. Lisa findet das Leben auf dem Land langweilig.
3. Es gibt viele Bäume und Tiere auf dem Land.
4. Max kauft alles in seinem Dorf.
5. Lisa möchte Max besuchen.

## Ergänze die Sätze.

Fülle die Lücken mit den richtigen Wörtern aus dem Dialog.

1. Max wohnt in einem kleinen ________.
2. In seinem Dorf gibt es einen ________ und eine Bäckerei.
3. Max mag die ________ und die frische Luft.
4. Lisa findet die ________ praktischer als das Land.
5. Max sagt: "Vielleicht ________ du mich mal!"

## Beantworte die Fragen.

1. Wo wohnt Max?
2. Was gibt es in Max' Dorf?
3. Warum mag Max das Leben auf dem Land?
4. Was findet Lisa an der Stadt praktischer?
5. Möchte Lisa Max besuchen?

## Sprich mit einem Partner.

Würdest du gerne auf dem Land leben? Warum oder warum nicht?

## Wortschatz:

### Räume:

- Wohnzimmer
- Schlafzimmer
- Küche
- Badezimmer
- Arbeitszimmer
- Flur
- Esszimmer
- Kinderzimmer
- Keller
- Dachboden

### Möbel:

| Im Arbeitszimmer: | Im Schlafzimmer: |
|---|---|
| · Schreibtisch | · Bett |
| · Stuhl | · Schrank |
| · Computer | · Nachttisch |
| · Bücherregal | · Kommode |
| · Lampe | · Lampe |
| · Aktenregal | · Spiegel |
| · Drucker | · Stuhl |

| In der Küche: | Im Badezimmer: |
| --- | --- |
| · Herd<br>· Kühlschrank<br>· Spülmaschine<br>· Mikrowelle<br>· Spüle<br>· Küchentisch<br>· Stühle<br>· Regale | · Waschbecken<br>· Dusche<br>· Badewanne<br>· Toilette<br>· Spiegel<br>· Badezimmerschrank<br>· Handtuchhalter |

| Im Wohnzimmer: | Im Flur: |
| --- | --- |
| · Sofa<br>· Fernseher<br>· Couchtisch<br>· Bücherregal<br>· Sessel<br>· Lampe<br>· Teppich | · Garderobe<br>· Schuhregal<br>· Spiegel<br>· Haken<br>· Teppich |

## Wortschatz:

Ein Haus hat viele Räume. Jeder Raum hat eine Funktion.

**Das Wohnzimmer** ist für die Familie. Hier stehen ein Sofa, ein Tisch und oft ein Fernseher. Die Familie sitzt hier zusammen, redet oder sieht fern.

**Die Küche** ist zum Kochen. Es gibt einen Herd, einen Kühlschrank und manchmal eine Spülmaschine. Die Familie isst oft in der Küche.

**Das Schlafzimmer** ist zum Schlafen. Hier steht ein Bett, ein Schrank und manchmal ein Nachttisch.

**Das Badezimmer** hat eine Dusche, eine Badewanne, ein Waschbecken und eine Toilette. Man wäscht sich hier und putzt die Zähne.

**Das Kinderzimmer** ist für Kinder. Hier stehen ein Bett, ein Schreibtisch und viele Spielsachen.

**Der Flur** ist der Eingang. Hier stehen Schuhe und Jacken.

Ein Haus hat manchmal auch einen **Keller** oder einen **Dachboden**. Dort kann man Dinge aufbewahren.

## Richtig oder falsch?

1. Im Wohnzimmer gibt es oft einen Fernseher.
2. In der Küche gibt es immer eine Badewanne.
3. Das Schlafzimmer ist zum Schlafen.
4. Im Kinderzimmer gibt es viele Spielsachen.
5. Im Flur stehen Schuhe und Jacken.

## Ergänze die Sätze.

Fülle die Lücken mit den richtigen Wörtern aus dem Text.

1. In der ________ kocht die Familie.
2. Im Schlafzimmer steht ein ________.
3. Im Badezimmer gibt es eine Dusche und eine ________.
4. Der ________ ist der Eingang zum Haus.
5. Auf dem Dachboden kann man Dinge ________.

## Beantworte die Fragen.

Schreibe kurze Antworten.

1. Was macht die Familie im Wohnzimmer?
2. Welche Möbel stehen im Schlafzimmer?
3. Was gibt es oft im Kinderzimmer?
4. Wo kann man Dinge aufbewahren?
5. Was macht man im Badezimmer?

## Zuordnungsaufgabe:

Ordne die Räume zu den Aktivitäten:

Essen kochen

Schlafen

Fernsehen schauen

Zähne putzen

Spielsachen aufräumen

Räume:

**Wohnzimmer, Kinderzimmer, Badezimmer, Schlafzimmer, Küche**

## Sprich mit einem Partner:

1. Beschreibe dein Haus oder deine Wohnung.
2. Wie viele Räume hat dein Zuhause?
3. Welcher Raum ist dein Lieblingsraum? Warum?

## Zeichne dein Traumhaus.

1. Zeichne ein Haus mit verschiedenen Räumen.
2. Beschrifte die Räume (z. B. Wohnzimmer, Küche).
3. Zeige dein Haus einem Partner und beschreibe es.

## Dialog: Wie sieht es in deiner Wohnung aus?

**Anna** : Hey Tom, wie sieht's in deiner Wohnung aus?

**Tom** : Hi Anna! Ganz gut, danke. Ich habe ein Wohnzimmer, ein Schlafzimmer und eine Küche. Und bei dir?

**Anna** : Bei mir ist es ähnlich. Ich hab auch diese Räume, aber zusätzlich noch ein Arbeitszimmer.

**Tom** : Oh, das klingt cool! Was machst du im Arbeitszimmer?

**Anna** : Ich arbeite dort und lese. Es ist sehr ruhig. Hast du ein schönes Wohnzimmer?

**Tom** : Ja, mein Wohnzimmer ist ziemlich groß. Da steht ein Sofa und ein Fernseher. Ich chill da oft und gucke Filme.

**Anna** : Nice! Bei mir gibt's auch ein Sofa, aber keinen Fernseher. Ich höre lieber Musik oder lese.

**Tom** : Klingt auch gut. Und was hast du im Schlafzimmer?

**Anna** : Ein Bett, einen Schrank und einen Nachttisch. Und bei dir?

**Tom** : Genau so, nur mein Bett ist ein bisschen größer.

**Anna** : Hört sich gemütlich an!

**Tom** : Ja, das ist es. Du musst mal vorbeikommen und dir die Wohnung anschauen!

## Richtig oder falsch?

Lies die Sätze und schreibe richtig oder falsch.

1. Tom hat in seiner Wohnung ein Arbeitszimmer.
2. Anna hat ein Sofa im Wohnzimmer, aber keinen Fernseher.
3. Anna liest oft im Arbeitszimmer.
4. Tom hat ein kleines Schlafzimmer.
5. Tom schläft in seinem Wohnzimmer.

## Ergänze die Lücken.

Fülle die Lücken mit den richtigen Wörtern aus dem Dialog.

1. Tom hat ein ________, ein Schlafzimmer und eine Küche.
2. Anna hat zusätzlich ein ________.
3. Im Wohnzimmer gibt es bei Tom ein ________ und einen Fernseher.
4. Anna hat keinen ________, sondern hört Musik.
5. Im Schlafzimmer gibt es ein ________, einen Schrank und einen Nachttisch.

## Beantworte die Fragen.

Schreibe kurze Antworten.

1. Was hat Tom in seiner Wohnung?
2. Was hat Anna zusätzlich zu den anderen Räumen?
3. Was gibt es im Wohnzimmer von Tom?
4. Was macht Anna in ihrem Arbeitszimmer?
5. Was gibt es im Schlafzimmer von Anna und Tom?

# Kapitel 15

# Familie

## Familie in Deutschland

In Deutschland gibt es viele verschiedene Familienmodelle. Die traditionelle Familie besteht oft aus einem Vater, einer Mutter und ihren Kindern. Aber auch andere Formen wie Alleinerziehende, Patchworkfamilien oder Familien mit gleichgeschlechtlichen Eltern sind heute normal.

**Die Eltern** spielen eine wichtige Rolle in der Erziehung der Kinder. Sie kümmern sich um das Wohl ihrer Kinder, unterstützen sie in der Schule und bringen ihnen Werte bei. In Deutschland ist es üblich, dass Kinder bis zum 18. Lebensjahr bei ihren Eltern wohnen. Danach ziehen viele Kinder aus und leben alleine oder mit Freunden in einer eigenen Wohnung.

**Die Großeltern** sind ebenfalls ein wichtiger Teil der Familie. Sie verbringen oft viel Zeit mit ihren Enkeln, nehmen sie manchmal in den Ferien oder an den Wochenenden zu sich. Großeltern geben den Kindern oft Ratschläge und unterstützen die Eltern.

In vielen Familien gibt es auch **Haustiere**. Hunde, Katzen und andere Tiere gehören in Deutschland häufig zur Familie und sind oft ein fester Bestandteil des Familienlebens.

## Richtig oder falsch?

1. In Deutschland ist es normal, dass Kinder mit ihren Eltern bis zum 18. Lebensjahr zusammen wohnen.
2. Alleinerziehende und Patchworkfamilien sind in Deutschland selten.
3. Großeltern spielen keine Rolle im Familienleben.
4. In vielen Familien gibt es Haustiere.
5. Kinder leben nach dem 18. Lebensjahr immer bei ihren Eltern.

## Ergänze die Sätze.

Fülle die Lücken mit den richtigen Wörtern aus dem Text.

1. In Deutschland gibt es viele verschiedene ________modelle.
2. Kinder wohnen in der Regel bis zum ________ Lebensjahr bei ihren Eltern.
3. Großeltern verbringen oft viel Zeit mit ihren ________.
4. Haustiere gehören in Deutschland oft zur ________.
5. Eltern unterstützen ihre Kinder in der ________.

## Beantworte die Fragen.

Schreibe kurze Antworten.

1. Wie sieht die traditionelle Familie in Deutschland aus?
2. Was machen Eltern in Deutschland für ihre Kinder?
3. Was ist in Deutschland normal, wenn Kinder 18 Jahre alt sind?
4. Welche Rolle spielen Großeltern in Deutschland?
5. Was gibt es in vielen Familien zusätzlich zu den Menschen?

## Sprich mit einem Partner.

1. Wie ist die Familie in deinem Land?
2. Was machen Eltern für ihre Kinder?
3. Haben Großeltern eine wichtige Rolle in deiner Familie?

## Wortschatz: Familie

**Familienmitglieder:**

- die Mutter
- der Vater
- die Eltern
- das Kind
- die Kinder
- der Sohn
- die Tochter
- die Großmutter
- der Großvater
- die Großeltern
- der Bruder
- die Schwester
- der Onkel
- die Nichte
- die Schwiegermutter
- der Schwiegervater
- der Schwiegersohn
- die Schwiegertochter
- der Ehemann
- die Ehefrau
- der Stiefvater
- die Stiefmutter
- der Stiefbruder
- die Stiefschwester
- der Halbbruder
- die Halbschwester
- der Neffe
- die Tante

**Begriffe zu Familie:**

- die Familie
- die Verwandtschaft
- die Beziehung
- die Ehe
- die Partnerschaft
- die Hochzeit
- die Scheidung
- das Baby
- das Kleinkind
- der Jugendliche
- der Erwachsene
- die Senioren
- die Alleinerziehende
- die Patchworkfamilie
- die Familie mit gleichgeschlechtlichen Eltern

| **Andere verwandte Begriffe:**<br><br>• der Haushalt<br>• die Wohnung<br>• das Haus<br>• die Wohnung teilen<br>• die Familienzeit | • das Familienmitglied<br>• die Verantwortung<br>• die Erziehung<br>• die Unterstützung<br>• die Fürsorge<br>• die Geborgenheit |
|---|---|

## Dialog: Familie

**Anna** : Hallo, Tom! Wie geht's dir?

**Tom** : Hallo, Anna! Mir geht's gut, danke. Und dir?

**Anna** : Auch gut, danke! Erzähl mal, wie ist deine Familie?

**Tom** : Meine Familie ist ganz normal. Ich habe einen Bruder und eine Schwester. Meine Eltern sind schon älter.

**Anna** : Ah, cool! Wie alt ist dein Bruder?

**Tom** : Mein Bruder ist 25 Jahre alt und meine Schwester ist 22. Und du? Hast du Geschwister?

**Anna** : Ja, ich habe einen älteren Bruder und eine jüngere Schwester. Mein Bruder ist 30 und meine Schwester ist 18.

**Tom** : Wie alt sind deine Eltern?

**Anna** : Mein Vater ist 55 und meine Mutter ist 52. Sie sind noch jung, oder?

**Tom :** Ja, das stimmt! Meine Eltern sind schon 60, aber sie sind noch fit. Wir machen oft zusammen etwas.

**Anna :** Das ist schön! Ich habe auch gute Beziehungen zu meinen Eltern. Wir gehen oft zusammen spazieren oder essen.

**Tom :** Das klingt gut! Meine Eltern wohnen nicht weit weg, aber ich sehe sie nicht so oft. Wir telefonieren aber regelmäßig.

**Anna :** Ja, das ist wichtig, dass man in Kontakt bleibt. Ich besuche meine Eltern fast jedes Wochenende.

**Tom :** Das ist toll! Ich sollte auch öfter bei meinen Eltern vorbeischauen.

### Richtig oder falsch?

Lies die Sätze und schreibe richtig oder falsch.

1. Tom hat einen Bruder und eine Schwester.
2. Annas Bruder ist 18 Jahre alt.
3. Annas Eltern sind 52 und 55 Jahre alt.
4. Tom sieht seine Eltern oft.
5. Anna besucht ihre Eltern jedes Wochenende.

### Ergänze die Sätze:

Fülle die Lücken mit den richtigen Wörtern aus dem Dialog.

1. Tom hat einen ________ und eine ________.

2. Annas Bruder ist ________ Jahre alt.
3. Annas Eltern sind ________ und ________ Jahre alt.
4. Tom sieht seine Eltern nicht so ________.
5. Anna besucht ihre Eltern fast jedes ________.

### Beantworte die Fragen:

Schreibe kurze Antworten.

1. Wie viele Geschwister hat Tom?
2. Wie alt ist Annas Bruder?
3. Wie alt sind Toms Eltern?
4. Was macht Tom oft mit seinen Eltern?

### Sprich mit einem Partner:

1. Wie ist deine Familie?
2. Hast du Geschwister? Wie alt sind sie?
3. Wie alt sind deine Eltern?
4. Was machst du oft mit deiner Familie?
5. Besuchst du deine Eltern regelmäßig?

### Zuordnungsaufgabe:

Ordne die Aussagen den richtigen Personen zu:

Tom Anna

A) Hat einen Bruder und eine Schwester.
B) Hat einen älteren Bruder und eine jüngere Schwester.
C) Sieht ihre/seine Eltern nicht so oft.
D) Besucht ihre Eltern fast jedes Wochenende.

## Richtig oder falsch?

Lies die Sätze und schreibe richtig oder falsch.

1. Die Tante ist die Schwester des Vaters oder der Mutter.
2.Ein Onkel ist der Bruder des Vaters oder der Mutter.
3. Die Großeltern sind die Eltern der Eltern.
4. Der Schwiegervater ist der Vater des Partners oder der Partnerin.
5. Der Neffe ist der Sohn der Schwester oder des Bruders.

## Lückentext zum Stammbaum:

Fülle die Lücken mit den richtigen Wörtern aus der Liste.

1. Meine ________ ist die Schwester meines Vaters.
2. Mein ________ ist der Sohn meiner Eltern.
3. Meine ________ ist die Tochter meines Vaters.
4. Mein ________ ist der Vater meiner Mutter.
5. Meine ________ ist die Mutter meines Vaters.
6. Der ________ ist der Sohn meines Bruders.
7. Meine ________ ist die Tochter meiner Schwester.

## Stammbaum zeichnen:

Zeichne einen Stammbaum für deine Familie oder eine fiktive Familie. Achte darauf, die folgenden Familienmitglieder zu berücksichtigen:

- **Opa** und **Oma** (Väterlicherseits und mütterlicherseits)
- **Mutter** und **Vater**
- **Bruder** und **Schwester**
- **Onkel** und **Tante**
- **Neffe** und **Nichte**

Beschreibe dann in ein paar Sätzen, wer mit wem verwandt ist.

## Fragen zum Stammbaum:
## Beantworte die folgenden Fragen:

1. Wie heißt dein Vater?
2. Hast du Geschwister? Wie viele und wie alt sind sie?
3. Wer ist deine Großmutter mütterlicherseits?
4. Wie viele Tanten und Onkel hast du?
5. Wer ist der Neffe oder die Nichte in deiner Familie?

## Zuordnungsübung:

Ordne die Familienbeziehungen den richtigen Personen zu:

| Personen: | Beziehungen: |
|---|---|
| A. Opa | 1. Der Bruder der Mutter oder des Vaters. |
| B. Mutter | 2. Eine Tochter meiner Eltern. |
| C. Onkel | 3. Der Sohn des Bruders oder der Schwester. |
| D. Neffe | 4. Der Vater der Mutter oder des Vaters. |
| A. Schwester | 5. Die Frau des Vaters der Kinder. |

## Dialog: Stammbaum

**Lena :** Hallo, Max! Wie geht's dir?

**Max :** Hallo, Lena! Mir geht's gut, danke. Und dir?

**Lena :** Auch gut, danke. Erzähl mal, wie sieht dein Stammbaum aus?

**Max :** Mein Stammbaum ist ganz einfach. Ich habe einen Vater, eine Mutter und einen älteren Bruder.

**Lena :** Ah, und wie heißen deine Eltern?

**Max :** Meine Mutter heißt Anna und mein Vater heißt Peter. Und du? Hast du Geschwister?

**Lena :** Ja, ich habe einen Bruder und eine Schwester. Mein Bruder heißt Tom und meine Schwester heißt Clara.

**Max :** Das ist ja schön! Wie alt sind sie?

**Lena :** Tom ist 25 und Clara ist 20 Jahre alt. Und dein Bruder, wie alt ist er?

**Max :** Mein Bruder heißt Lukas. Er ist 28 Jahre alt.

**Lena :** Ah, cool! Und hast du Großeltern?

**Max :** Ja, ich habe vier Großeltern. Meine Großmutter mütterlicherseits heißt Maria und mein Großvater heißt Klaus. Und auf der Seite meines Vaters heißen meine Großeltern Ruth und Karl.

**Lena :** Oh, das ist eine große Familie!

**Max :** Ja, ich mag meine Familie sehr! Und du, wie heißen deine Großeltern?

**Lena :** Meine Großeltern heißen Eva und Hans (mütterlicherseits) und Gertrud und Josef (väterlicherseits).

**Max :** Das ist eine schöne Familie! Ich finde es immer interessant, über den Stammbaum zu sprechen.

**Lena :** Ja, das finde ich auch!

## Richtig oder falsch?

Lies die Sätze und schreibe richtig oder falsch.

1. Max hat einen Bruder und eine Schwester.
2. Lenas Bruder heißt Tom und ihre Schwester heißt Clara.
3. Max' Bruder heißt Lukas und ist 28 Jahre alt.
4. Lenas Großeltern heißen Maria und Klaus (mütterlicherseits) und Ruth und Karl (väterlicherseits).
5. Max hat keine Großeltern.

## Beantworte die Fragen:

1. Wie heißt Max' Vater?
2. Wie alt ist Lenas Bruder?
3. Wie heißen Max' Großeltern väterlicherseits?
4. Wie viele Geschwister hat Lena?
5. Wie alt ist Max' Bruder?

## Lückentext:

Fülle die Lücken mit den richtigen Wörtern aus dem Dialog.

1. Max' Vater heißt ________ und seine Mutter heißt ________.
2. Lenas Bruder heißt ________ und ihre Schwester heißt ________.
3. Max' Großmutter mütterlicherseits heißt ________ und sein Großvater mütterlicherseits heißt ________.
4. Lenas Großeltern heißen ________ und ________ (mütterlicherseits) und ________ und ________ (väterlicherseits).

# Kapitel 16

# Geburtstag

## Geburtstage in Deutschland

In Deutschland ist der Geburtstag ein wichtiger Tag. Viele Menschen feiern mit Familie und Freunden. Hier sind einige Informationen:

### Wann gratulieren?

Man gratuliert einem Geburtstagskind erst am Geburtstag. Vorher ist das unüblich. Manche glauben, dass es Unglück bringt.

### Geschenke

Geschenke sind in Deutschland üblich. Oft bringt man Blumen, Schokolade oder ein kleines Geschenk mit. Es ist wichtig, das Geschenk schön einzupacken.

### Geburtstagsfeier

Viele Menschen machen eine Geburtstagsfeier. Man trifft sich zu Hause, im Restaurant oder im Park. Es gibt Essen, Getränke und oft auch Kuchen.

## Geburtstagskuchen

Ein Geburtstagskuchen gehört dazu. Kinder bekommen oft einen Kuchen mit Kerzen. Die Kerzen werden angezündet, und das Geburtstagskind darf sie auspusten.

## Lieder und Wünsche

Die Gäste singen "Zum Geburtstag viel Glück". Danach wünschen sie dem Geburtstagskind alles Gute, Gesundheit und Erfolg.

Geburtstage in Deutschland sind fröhliche Tage. Es ist eine schöne Tradition, Zeit mit lieben Menschen zu verbringen.

### Fragen zum Text:

1. Wann gratuliert man in Deutschland zum Geburtstag?
2. Welche Geschenke sind in Deutschland typisch zum Geburtstag?
3. Wo feiern viele Menschen ihren Geburtstag?
4. Was gehört zu einer Geburtstagsfeier in Deutschland dazu?

### Der Text des Liedes "Zum Geburtstag viel Glück" :

Zum Geburtstag viel Glück,
Zum Geburtstag viel Glück,
Zum Geburtstag, liebe/r [Name],
Zum Geburtstag viel Glück!

Es ist die deutsche Version von "Happy Birthday to You" und wird oft in fröhlicher Stimmung gesungen.

### Dialog:"Wann hast du Geburtstag?"

**Lena** : Hallo, Max! Wann hast du Geburtstag?

**Max** : Ich habe am 10. April Geburtstag. Und du?

**Lena** : Mein Geburtstag ist am 15. Juni.

**Max** : Oh, das ist im Sommer. Feierst du deinen Geburtstag?

**Lena** : Ja, meistens mit meiner Familie. Und du?

**Max** : Ich mache oft eine kleine Party mit Freunden.

**Lena** : Das klingt toll! Bekommst du viele Geschenke?

**Max** : Ja, aber das Beste ist, Zeit mit meinen Freunden zu verbringen.

**Lena** : Das stimmt! Geburtstag feiern macht Spaß.

### Fragen zum Dialog:

1. Wann hat Max Geburtstag?
2. Wann hat Lena Geburtstag?
3. Wie feiert Lena ihren Geburtstag?
4. Was macht Max an seinem Geburtstag?
5. Was ist für Max das Beste an seinem Geburtstag?
6. Feiert Lena ihren Geburtstag im Sommer oder im Winter?
7. Wer feiert mit Lena ihren Geburtstag?

## Aufgabe: Fragen zum Geburtstag

Stelle deinem Partner Fragen über Geburtstagsfeiern. Achte darauf, vollständige Sätze zu antworten.

1. Wann hast du Geburtstag?
2. Wie feierst du deinen Geburtstag?
3. Mit wem feierst du deinen Geburtstag?
4. Was für Geschenke hast du schon zum Geburtstag bekommen?
5. Was isst du an deinem Geburtstag gerne?
6. Feierst du deinen Geburtstag jedes Jahr? Warum oder warum nicht?

## Ein Dialog über Geburtstage

**Anna :** Hallo, Paul! Weißt du, wann Sarah Geburtstag hat?

**Paul :** Ja, sie hat am Samstag Geburtstag. Warum fragst du?

**Anna :** Ich möchte ihr eine kleine Überraschung machen. Hast du eine Idee, was sie mag?

**Paul :** Hm, vielleicht Blumen oder Schokolade? Sie mag auch Bücher, glaube ich.

**Anna :** Gute Idee! Möchtest du mitkommen, um ein Geschenk zu kaufen?

**Paul :** Klar, gerne! Feiern wir ihren Geburtstag zusammen?

**Anna :** Ja, sie hat uns alle eingeladen. Die Feier beginnt um 18 Uhr bei ihr zu Hause.

**Paul** : Super, ich freue mich schon! Weißt du, ob wir etwas mitbringen sollen?

**Anna** : Sie hat gesagt, wir sollen nur gute Laune mitbringen. Aber ich denke, ein Geschenk ist trotzdem wichtig.

**Paul** : Auf jeden Fall! Dann lass uns morgen das Geschenk besorgen.

**Anna** : Perfekt! Bis morgen!

## Fragen zum Dialog über Geburtstage:

1. Wann hat Sarah Geburtstag?
2. Was möchte Anna für Sarah machen?
3. Welche Geschenke schlägt Paul vor?
4. Um wie viel Uhr beginnt die Feier?
5. Was sollen die Gäste zur Feier mitbringen?
6. Wann wollen Anna und Paul das Geschenk kaufen?

## Aufgabe: Fragen und Geschenkideen

1. Was ist dein Lieblingsgeschenk, das du schon bekommen hast?
2. Gibt es etwas, was du nicht geschenkt bekommen möchtest?
3. Was würdest du deinem besten Freund/deiner besten Freundin zu seinem/ihrem Geburtstag schenken?
4. Was für Geschenke findest du zum Geburtstag besonders schön?

## Dialog zum Thema "Eine Geburtstagsparty planen"

**Sophie :** Hallo, Anna! Mein Geburtstag ist nächste Woche. Ich möchte eine kleine Party machen. Kannst du mir helfen?

**Anna :** Klar, ich helfe dir gerne! Was hast du dir schon überlegt?

**Sophie :** Ich möchte ein paar Freunde einladen. Es soll nicht zu groß werden, nur 10 Personen oder so. Vielleicht bei mir zu Hause.

**Anna :** Das klingt gut! Hast du schon überlegt, was du essen möchtest?

**Sophie :** Ich dachte an Pizza und ein paar Snacks. Vielleicht auch einen Geburtstagskuchen. Was meinst du?

**Anna :** Pizza ist eine tolle Idee! Du könntest auch kleine Fingerfoods machen, wie Chips und Dips. Und einen Kuchen – vielleicht einen Schokoladenkuchen?

**Sophie :** Ja, Schokoladenkuchen wäre perfekt! Was ist mit Musik?

**Anna :** Ich könnte eine Playlist machen. Magst du eher ruhige Musik oder etwas, das alle zum Tanzen bringt?

**Sophie :** Etwas, das alle zum Tanzen bringt, klingt super! Ich möchte, dass alle Spaß haben.

**Anna :** Dann sollten wir auch ein bisschen Dekoration machen. Vielleicht Luftballons und Banner?

**Sophie :** Gute Idee! Ich werde auch Kerzen besorgen. Hast du noch Ideen für Spiele?

**Anna :** Wir könnten ein paar lustige Partyspiele machen, wie "Wer bin ich?" oder "Pantomime". Das macht immer Spaß!

**Sophie :** Perfekt, das mache ich! Danke für deine Hilfe, Anna!

**Anna :** Kein Problem! Es wird sicher eine tolle Party. Ich freue mich schon!

## Fragen zum Dialog:

1. Wann ist Sophies Geburtstag?
2. Wie viele Personen möchte Sophie zu ihrer Party einladen?
3. Wo soll die Party stattfinden?
4. Welche Essensideen hat Sophie für die Party?
5. Was schlägt Anna für das Dessert vor?
6. Was für Musik möchte Sophie auf ihrer Party haben?
7. Welche Dekoration schlägt Anna vor?
8. Welche Partyspiele schlagen Sophie und Anna vor?

## Aufgabe: Deine perfekte Geburtstagsparty beschreiben

Beschreibe deiner Partnerin/deinem Partner, wie deine ideale Geburtstagsparty aussehen würde.

1. Wie viele Gäste würdest du einladen?
2. Was für Essen und Getränke gäbe es?
3. Welche Musik würdest du spielen?
4. Was für Dekorationen möchtest du haben?
5. Welche Spiele würdest du machen?

## Einladung zur Geburtstagsparty - Dialog

**Lisa :** Hallo, Tim! Hast du am Samstag Zeit?

**Tim :** Hallo, Lisa! Ja, ich glaube schon. Warum?

**Lisa :** Ich mache eine Geburtstagsparty bei mir zu Hause. Möchtest du kommen?

**Tim :** Oh, das klingt toll! Wann fängt die Party an?

**Lisa :** Um 18 Uhr. Wir essen Pizza und haben ein paar Spiele geplant.

**Tim :** Super! Soll ich etwas mitbringen?

**Lisa :** Nein, das ist nicht nötig. Aber wenn du magst, kannst du ein Getränk mitbringen.

**Tim :** Okay, ich bringe Cola mit. Wo genau wohnst du?

**Lisa :** Ich wohne in der Sonnenstraße 12, im dritten Stock.

**Tim :** Alles klar. Ich freue mich schon auf Samstag!

**Lisa :** Ich auch! Bis dann, Tim!

**Tim :** Bis dann, Lisa!

### Richtig oder falsch?

Lies die Aussagen und entscheide, ob sie richtig oder falsch sind:

1. Lisa lädt Tim zu ihrer Party am Freitag ein.
2. Die Party beginnt um 18 Uhr.
3. Tim soll Getränke mitbringen.
4. Lisa wohnt im zweiten Stock.

## Schreibaufgabe

Schreibe eine Einladung zu deiner eigenen Geburtstagsparty. Beantworte dabei:

1. Wann und wo findet die Party statt?
2. Was gibt es zu essen?
3. Soll man etwas mitbringen?

## Sprechübung

Übt zusammen einen Dialog. Eine Person lädt die andere zu einer Geburtstagsparty ein. Sprecht über:

1. Datum und Uhrzeit
2. Ort der Party
3. Was es zu essen und zu trinken gibt
4. Was mitgebracht werden soll

## Wortschatz

<table>
<tr>
<td>

**Wörter zum Thema “Geburtstag”**

der Geburtstag<br>
die Feier<br>
die Party<br>
das Geburtstagskind<br>
die Einladung<br>
die Gäste<br>
die Überraschung<br>
die Kerzen<br>
der Kuchen<br>
der Geburtstagswunsch<br>
das Geschenk<br>
“Alles Gute zum Geburtstag!”<br>
“Herzlichen Glückwunsch!”<br>
die Geburtstagstorte<br>
der Geburtstagsparty<br>
die Gratulation

</td>
<td>

**Wörter zum Thema“Geschenke”**

das Geschenk<br>
das Geschenkpapier<br>
die Geschenktüte<br>
das Geschenkband<br>
die Geschenkverpackung<br>
die Überraschung<br>
der Gutschein<br>
die Karte<br>
die Blumen<br>
die Schokolade<br>
die CD<br>
das Buch<br>
der Schmuck<br>
der Parfüm<br>
die Uhr<br>
das Spielzeug<br>
die Tasche<br>
die Blumenstrauß

</td>
</tr>
<tr>
<td>

**Verben zum Thema“Geburtstag und Geschenke“**

der Geburtstag<br>
feiern<br>
einladen<br>
gratulieren<br>
schenken<br>
verpacken<br>
auspacken<br>
wünschen<br>
überraschen<br>
vorbereiten<br>
empfangen<br>
bekommen<br>
ein Geschenk machen<br>
sich freuen

</td>
<td>

**djektive zum Thema“Geburtstag und Geschenke“**

besonders<br>
wunderschön<br>
überraschend<br>
persönlich<br>
liebevoll<br>
praktisch<br>
kreativ<br>
teuer<br>
billig<br>
selbstgemacht<br>
originell

</td>
</tr>
</table>

# Kapitel 17

## Feiertage und Feste

In Deutschland gibt es viele Feiertage. Manche Feiertage werden in ganz Deutschland gefeiert, andere nur in einigen Bundesländern. An Feiertagen haben die meisten Menschen frei, und viele Geschäfte sind geschlossen.

### Wichtige Feiertage in ganz Deutschland

**Neujahr (1. Januar):**
Am ersten Tag des Jahres feiern die Menschen mit Familie und Freunden.

**Karfreitag und Ostermontag:**
Diese Feiertage gehören zu Ostern.

**Tag der Arbeit (1. Mai):**
An diesem Tag haben alle frei. Manche machen einen Ausflug oder feiern im Park.

### Tag der Deutschen Einheit (3. Oktober):

Dieser Tag erinnert an die Wiedervereinigung Deutschlands im Jahr 1990.

### Weihnachten

Viele Familien feiern am Abend des **24. Dezember (Heiligabend).**
Es gibt Geschenke, Weihnachtslieder und ein leckeres Essen.

### Regionale Feiertage

In Bayern und Baden-Württemberg gibt es Feiertage, die in anderen Bundesländern nicht gefeiert werden.
Zum Beispiel: **Allerheiligen (1. November).**

### Besondere Tage

Es gibt auch Tage, die keine Feiertage sind, aber trotzdem wichtig sind.
Zum Beispiel: **Martinstag (11. November).**
Kinder gehen mit Laternen spazieren und singen Lieder.

An Feiertagen haben viele Menschen Zeit für die Familie, Freunde oder einen Ausflug. Feiertage sind ein wichtiger Teil der Kultur in Deutschland.

### Fragen zum Text

1. Welche Feiertage gibt es in ganz Deutschland?
2. Was machen die Menschen oft an Neujahr?

3. Welche Feiertage gehören zu Ostern?
4. Was erinnert der Tag der Deutschen Einheit?
5. Wann feiern die Menschen in Deutschland Weihnachten?
6. Welche Feiertage gibt es nur in Bayern und Baden-Württemberg?
7. Was machen Kinder am Martinstag?

### Richtig oder falsch?

Lies die Aussagen und entscheide, ob sie richtig oder falsch sind.

1. Der Tag der Arbeit ist am 3. Oktober.
2. Weihnachten ist ein wichtiger Feiertag in Deutschland.
3. Kinder gehen am Martinstag mit Laternen spazieren.
4. In allen Bundesländern gibt es Allerheiligen als Feiertag.

### Schreibaufgabe

Wähle einen Feiertag aus dem Text und schreibe drei Sätze darüber. Zum Beispiel:

1. Wann ist der Feiertag?
2. Was machen die Menschen an diesem Tag?
3. Was findest du besonders an diesem Tag?

### Sprechübung

Sprecht mit einem Partner über Feiertage:

1. Welcher Feiertag ist dein Lieblingsfeiertag? Warum?
2. Wie feierst du Neujahr oder Weihnachten?
3. Gibt es in deinem Land ähnliche Feiertage wie in Deutschland?

## Neujahrsbräuche in Deutschland

In Deutschland gibt es viele Bräuche, um das neue Jahr zu begrüßen. Neujahr ist am 1. Januar, aber die Feier beginnt schon am Abend des 31. Dezember. Dieser Abend heißt **Silvester.**

### Feiern an Silvester

Die meisten Menschen feiern Silvester mit Familie oder Freunden. Es gibt oft eine Party mit Essen, Musik und Tanz. Viele Menschen schauen um Mitternacht das Feuerwerk an. Einige zünden auch selbst Raketen und Böller.

### Glück bringen im neuen Jahr

In Deutschland gibt es viele kleine Geschenke, die Glück für das neue Jahr bringen sollen:

**Schornsteinfeger** (kleine Figuren)
**Glücksklee**
**Hufeisen**
**Marzipanschweine**

Diese Geschenke heißen "Glücksbringer".

## "Dinner for One"

Ein besonderer Brauch in Deutschland ist der Film "**Dinner for One**". Viele Menschen schauen diesen lustigen Schwarz-Weiß-Film am Silvesterabend. Der Satz "The same procedure as every year" ist sehr bekannt.

## Neujahrsvorsätze

Am 1. Januar machen viele Menschen **Neujahrsvorsätze.**
Das bedeutet: Sie planen etwas, das sie im neuen Jahr besser machen wollen, zum Beispiel:

mehr Sport machen
gesünder essen
weniger Stress haben

## Traditionelles Essen

Ein typisches Essen zu Silvester ist **Fondue** oder **Raclette.** Viele Menschen essen auch Linsen oder Fisch, weil sie Glück bringen sollen.

Neujahr ist in Deutschland ein besonderer Tag, um mit Hoffnung und guten Wünschen in das neue Jahr zu starten.

## Fragen zum Text “Neujahrsbräuche in Deutschland”

1. Wann beginnt die Feier für das neue Jahr in Deutschland?
2. Was machen die meisten Menschen an Silvester?
3. Was sind “Glücksbringer”? Nenne drei Beispiele.
4. Welcher Film ist an Silvester in Deutschland sehr beliebt?
5. Was bedeutet “Neujahrsvorsätze”?
6. Welche zwei typischen Gerichte essen viele Menschen an Silvester?
7. Warum essen manche Menschen Linsen oder Fisch?

## Richtig oder falsch?

Lies die Aussagen und entscheide, ob sie richtig oder falsch sind:

1. Neujahr ist am 31. Dezember.
2. Viele Menschen feiern Silvester mit Familie oder Freunden.
3. “Dinner for One” ist ein Actionfilm.
4. Raclette und Fondue sind typische Gerichte zu Silvester.
5. Glücksbringer sollen Pech im neuen Jahr bringen.

## Schreibaufgabe

Schreibe drei bis fünf Sätze über deine eigenen Neujahrsbräuche.
Zum Beispiel:

1. Mit wem feierst du Neujahr?
2. Was isst und trinkst du an diesem Tag?
3. Hast du schon einmal Neujahrsvorsätze gemacht?

**Sprich mit deinem Partner über Neujahr:**

1. Wie feierst du Neujahr?
2. Gibt es in deinem Land ähnliche Bräuche wie in Deutschland?
3. Was sind deine Neujahrsvorsätze?

## Ostern in Deutschland

Ostern ist ein wichtiger Feiertag in Deutschland. Es ist ein christliches Fest und viele Menschen feiern die **Auferstehung von Jesus Christus.** Ostern wird jedes Jahr im Frühling gefeiert, aber das genaue Datum ändert sich.

### Feiertage an Ostern

Karfreitag :
Dieser Tag ist ein ruhiger Tag. Viele Menschen essen an diesem Tag keinen Fleisch, sondern Fisch.

Ostermontag :
Das ist ein Feiertag, an dem viele Familien Zeit miteinander verbringen.

## Osterbräuche

In Deutschland gibt es viele Bräuche zu Ostern:

**Ostereier suchen :** Kinder suchen bunte Eier, die der Osterhase versteckt hat.
**Ostereier bemalen :** Viele Familien bemalen Eier mit schönen Farben.
**Osterhase :** Der Osterhase bringt die Eier. Er ist ein Symbol für Ostern.

## Ostern in der Kirche

Viele Menschen gehen an Ostern in die Kirche. Es gibt Gottesdienste mit schönen Liedern und Kerzen.

## Typisches Essen an Ostern

Lamm
Kuchen in Form eines Osterlamms
Schokoladeneier und Süßigkeiten

Ostern ist ein Fest für die ganze Familie. Es ist eine Zeit für Freude, Gemeinschaft und schöne Traditionen.

### Fragen zum Text

1. Warum feiern die Menschen Ostern?
2. Welche zwei Feiertage gehören zu Ostern?

3. Was essen viele Menschen am Karfreitag?
4. Was machen Kinder mit Ostereiern?
5. Wer versteckt die Ostereier?
6. Was machen viele Menschen an Ostern in der Kirche?
7. Welche typischen Gerichte gibt es an Ostern?

### Richtig oder falsch?

Lies die Aussagen und entscheide, ob sie richtig oder falsch sind:

1. Ostern ist immer am gleichen Datum.
2. Der Osterhase versteckt die Eier.
3. Viele Familien bemalen zu Ostern Eier.
4. Am Karfreitag feiern die Menschen mit lauter Musik.
5. Zu Ostern gibt es oft Kuchen in Form eines Osterlamms.

### Schreibaufgabe

Schreibe drei bis fünf Sätze über Ostern in deinem Land oder in deiner Familie. Beantworte dabei:

Feierst du Ostern?
Gibt es besondere Bräuche?
Was isst du an Ostern?

### Sprechübung

Sprich mit deinem Partner über Ostern:

1. Was weißt du über Ostern in Deutschland?
2. Was gefällt dir an den Osterbräuchen?
3. Gibt es in deinem Land ähnliche Traditionen wie das Ostereiersuchen?

# Tag der Arbeit in Deutschland

Der **Tag der Arbeit** ist in Deutschland ein Feiertag. Er ist jedes Jahr am **1. Mai.** An diesem Tag haben die meisten Menschen frei, und die Geschäfte sind geschlossen.

## Warum gibt es den Tag der Arbeit?

Der Tag der Arbeit erinnert an den Kampf der Arbeiter für bessere Arbeitsbedingungen. Vor über 100 Jahren haben Menschen für mehr Rechte und einen Acht-Stunden-Arbeitstag demonstriert.

## Wie feiern die Menschen den 1. Mai?

Am Tag der Arbeit gibt es viele **Demonstrationen** und **Veranstaltungen.** Gewerkschaften organisieren Kundgebungen, bei denen Menschen für faire Löhne, Gerechtigkeit und gute Arbeitsbedingungen sprechen.
Für viele Menschen ist der 1. Mai aber auch ein Tag, um draußen in der Natur zu sein. Es gibt oft:

Spaziergänge und Ausflüge
Feste in Parks oder auf dem Land
Musik und Tanzveranstaltungen

## Maibaum und Traditionen

In einigen Regionen, zum Beispiel in Bayern, stellen die Menschen einen **Maibaum** auf. Das ist ein hoher Baumstamm, der bunt geschmückt ist. Die Menschen feiern mit Musik, Tanz und Essen.

## Warum ist der Tag der Arbeit wichtig?

Der Tag der Arbeit erinnert daran, wie wichtig gute Arbeitsbedingungen sind. Es ist auch ein Tag, um über die Rechte der Arbeiter zu sprechen und sich für eine gerechte Gesellschaft einzusetzen.

### Richtig oder falsch?

1. Der Tag der Arbeit ist ein Feiertag in Deutschland.
2. Am 1. Mai sind alle Geschäfte in Deutschland geöffnet.
3. Am Tag der Arbeit gibt es nur politische Demonstrationen.
4. Am 1. Mail werden an manchen Orten Maibäume aufgestellt.

### Schreibaufgabe

Schreibe drei bis fünf Sätze darüber, wie der Tag der Arbeit in deinem Land oder in deiner Familie gefeiert wird. Beantworte dabei:

1. Gibt es an diesem Tag spezielle Veranstaltungen?
2. Was machst du am Tag der Arbeit?

### Sprechübung

Sprich mit deinem Partner über den Tag der Arbeit:

1. Was bedeutet der Tag der Arbeit für dich?
2. Was denkst du über die Bedeutung von Arbeitsrechten?
3. Gibt es in deinem Land ähnliche Feiertage, die die Rechte der Arbeiter feiern?

## Tag der Deutschen Einheit

Der **Tag der Deutschen Einheit** wird am **3. Oktober** gefeiert. An diesem Tag erinnert man an die Wiedervereinigung von **Ost- und Westdeutschland** im Jahr 1990.

### Was ist die Deutsche Einheit?

Deutschland war von 1949 bis 1990 in zwei Teile geteilt:

**Westdeutschland** (die Bundesrepublik Deutschland)
**Ostdeutschland** (die Deutsche Demokratische Republik, kurz DDR)

Im Jahr 1990, nach dem Fall der Mauer und vielen politischen Veränderungen, wurden die beiden Teile wieder zu einem **vereinten Deutschland.** Dieser Tag, der 3. Oktober, ist seitdem der **Tag der Deutschen Einheit.**

## Wie wird der Tag gefeiert?

Am 3. Oktober gibt es in Deutschland viele Feiern und Veranstaltungen.

**Offizielle Feiern** finden in **Berlin**, der Hauptstadt, statt. Dort gibt es Reden, Konzerte und manchmal auch ein großes Feuerwerk.
Viele Menschen nutzen den Tag, um sich mit Familie und Freunden zu treffen und über die Geschichte und Bedeutung der Wiedervereinigung zu sprechen.

## Warum ist der Tag der Deutschen Einheit wichtig?

Der Tag der Deutschen Einheit erinnert an die **Freiheit**,
die **Zusam mengehörigkeit** und die **Einheit** der Deutschen. Es ist ein Tag, an dem die Menschen in Deutschland stolz auf ihre Geschichte sind und nach vorne blicken. Es zeigt auch, wie wichtig **Frieden** und **Zusammenarbeit** sind.

### Fragen zum Text

1. Wann wird der Tag der Deutschen Einheit gefeiert?
2. Was bedeutet die “Deutsche Einheit”?
3. Wie war Deutschland vor 1990 aufgeteilt?
4. Wo finden die offiziellen Feiern zum Tag der Deutschen Einheit statt?
5. Was machen viele Menschen am 3. Oktober?

### Richtig oder falsch?

Lies die Aussagen und entscheide, ob sie richtig oder falsch sind:

1. Deutschland war vor 1990 ein vereinigtes Land.
2. Der 3. Oktober erinnert an die Wiedervereinigung von Ost- und Westdeutschland.
3. Der Tag der Deutschen Einheit wird nur in Berlin gefeiert.
4. Viele Menschen feiern den Tag mit Familie und Freunden.
5. Der Tag der Deutschen Einheit erinnert an die Bedeutung von Frieden und Zusammenarbeit.

### Schreibaufgabe

Schreibe drei bis fünf Sätze darüber, warum du den Tag der Deutschen Einheit für wichtig hältst. Beantworte dabei:

1. Was bedeutet die Wiedervereinigung für dich?
2. Warum ist es gut, wenn ein Land vereint ist?

## Weihnachten in Deutschland

Weihnachten ist eines der wichtigsten Feste in Deutschland. Es wird jedes Jahr am **24. Dezember** gefeiert. Dieser Tag ist der Heiligabend. Viele Menschen schmücken ihre Häuser und Wohnungen mit **Weihnachtsbäumen** und **Lichtern**. Die Menschen freuen sich auf das Fest und verbringen viel Zeit mit ihrer Familie.

## Traditionen und Bräuche

Zu Weihnachten gibt es viele **Traditionen**. Eine wichtige Tradition ist das **Weihnachtsessen**. An Heiligabend gibt es oft ein besonderes Essen, zum Beispiel **Kartoffelsalat mit Würstchen** oder **Gans mit Rotkohl**. Viele Menschen besuchen auch die **Kirche** und nehmen an einem **Gottesdienst** teil.

Ein weiterer Brauch ist das **Geschenke verpacken**. Kinder warten auf den **Weihnachtsmann** oder das **Christkind**, das Geschenke bringt. Viele Familien stellen einen **Tannenbaum** auf und schmücken ihn mit **Kerzen**, **Kugeln** und **Engeln**.

## Advent

Vor Weihnachten beginnt die **Adventszeit**. Die vier Wochen vor dem 24. Dezember nennt man **Advent**. Viele Menschen haben zu Hause einen **Adventskalender**. Jeden Tag öffnet man ein Türchen und freut sich auf das nächste Geschenk oder eine Süßigkeit.

## Feiertage

In Deutschland sind **Heiligabend (24. Dezember)** und **Weihnachtstag (25. Dezember)** Feiertage. Der 26. Dezember ist auch ein Feiertag und wird **Zweiter Weihnachtstag** genannt. An diesen Tagen haben die meisten Menschen frei und verbringen Zeit mit ihrer Familie.

Weihnachten ist für viele Menschen eine Zeit der Freude, des Gebens und der **Zusammengehörigkeit**. Es ist eine Gelegenheit, über das Jahr nachzudenken und **Dankbarkeit** zu zeigen.

## Fragen zum Text"Weihnachten in Deutschland"

1. Wann wird Weihnachten in Deutschland gefeiert?
2. Was machen die Menschen an Heiligabend?
3. Was gibt es an Heiligabend oft zu essen?
4. Was ist der Advent und wie wird er gefeiert?
5. Wer bringt die Geschenke zu Weihnachten?
6. Was ist ein Adventskalender?

## Richtig oder falsch?

Lies die Aussagen und entscheide, ob sie richtig oder falsch sind:

1. Heiligabend ist der 25. Dezember.
2. Viele Menschen essen Kartoffelsalat mit Würstchen an Heiligabend.
3. An Weihnachten gibt es nur einen Feiertag in Deutschland.
4. Der Advent beginnt am 1. Dezember.
5. Weihnachten ist für viele Menschen eine Zeit der Freude und Dankbarkeit.

## Schreibaufgabe

Schreibe drei bis fünf Sätze darüber, wie du Weihnachten feierst. Beantworte dabei:

1. Was machst du an Heiligabend?
2. Wie feierst du Weihnachten?
3. Welche Traditionen hast du zu Weihnachten?

### Dialog: "Weihnachtsfeier"

**Tim :** Hallo! Hast du schon eine Weihnachtsfeier geplant?

**Andre :** Ja, ich habe nächste Woche eine Weihnachtsfeier mit meinen Kollegen. Wir treffen uns im Restaurant und essen zusammen. Und du?

**Tim :** Ich habe eine Feier mit meiner Familie. Wir machen ein großes Abendessen und tauschen Geschenke aus. Es wird sicher schön.

**Andre :** Klingt toll! Was gibt es bei dir zu essen?

**Tim :** Wir machen Gans, Rotkohl und Kartoffelknödel. Zum Nachtisch gibt es Stollen und Plätzchen. Was habt ihr auf der Arbeit geplant?

**Andre :** Wir machen ein kleines Fest im Büro. Jeder bringt etwas zu essen mit. Es gibt viele Plätzchen und Glühwein. Am Ende spielen wir ein lustiges Spiel, und wir haben eine kleine Geschenkaktion.

**Tim :** Das hört sich auch gut an! Ich freue mich immer auf die Weihnachtsfeier. Es ist schön, die Feiertage mit der Familie zu verbringen.

**Andre :** Ja, das finde ich auch.

## Fragen zum Dialog "Weihnachtsfeier"

1. Mit wem hat Andre die Weihnachtsfeier geplant?
2. Wo wird die Weihnachtsfeier von Andre stattfinden?
3. Was gibt es bei der Feier von Tim zu essen?
4. Welche Speisen nennt Tim, die sie an Heiligabend servieren?
5. Was bringt jeder zum Fest im Büro von Andre mit?
6. Was gibt es bei der Weihnachtsfeier von Andre zu trinken?

# Kapitel 18

# Reisen und Buchung

## Reisen in Deutschland: Ein kurzer Überblick

Die Deutschen reisen sehr gerne. Viele Menschen in Deutschland machen jedes Jahr Urlaub. Im Sommer fahren viele an das Meer oder in die Berge. Beliebte Reiseziele in Deutschland sind die Nordsee, die Ostsee und die Alpen.

Auch andere Länder sind beliebt. Deutsche reisen oft nach Italien, Spanien oder Frankreich. Sie mögen das gute Wetter und das leckere Essen dort.

Manche Menschen bleiben lieber in Deutschland. Sie besuchen Städte wie Berlin, München oder Hamburg. Dort gibt es viele Sehenswürdigkeiten, Museen und schöne Parks.

Reisen ist in Deutschland einfach. Es gibt Züge, Busse und Flugzeuge. Viele Deutsche fahren auch mit dem Auto.

## Fragen zum Text

1. Wohin fahren viele Deutsche im Sommer?
2. In welche Länder reisen Deutsche oft? Warum?
3. Welche Städte in Deutschland besuchen viele Menschen?
4. Welche Verkehrsmittel benutzen Deutsche, wenn sie reisen?

### Aufgabe:

Markiere im Text alle Länder und Orte.

### Aufgabe:

Erstelle eine Liste mit den Verkehrsmitteln, die im Text erwähnt werden.

### Schreibaufgabe:

Wohin möchtest du reisen? Warum?

### Rollenspiel:

Arbeite mit einem Partner oder einer Partnerin. Einer fragt: "Wohin möchtest du reisen?" und der andere antwortet. Tauscht euch aus.

### Dialog:Wohin reist du gern?

**Maria :** Hallo Lukas! Bald sind Ferien. Hast du schon Pläne?

**Lukas :** Ja, ich möchte nach Italien reisen. Ich liebe das Meer! Und du?

**Maria :** Ich bleibe in Deutschland. Ich möchte Hamburg besuchen.

**Lukas :** Oh, Hamburg ist toll! Warum möchtest du dorthin?

**Maria :** Ich finde die Stadt spannend. Es gibt viele Sehenswürdigkeiten, und der Hafen ist berühmt.

**Lukas :** Stimmt! Fährst du mit dem Zug?

**Maria :** Ja, ich finde Zugreisen bequem. Und du? Wie reist du nach Italien?

**Lukas :** Ich fliege. Das geht schneller.

**Maria :** Viel Spaß in Italien!

**Lukas:** Danke! Dir auch viel Spaß in Hamburg!

### Fragen zum Dialog:

1. Wohin möchte Lukas reisen? Warum?
2. Wohin möchte Maria reisen? Warum?
3. Mit welchem Verkehrsmittel reist Maria nach Hamburg?
4. Wie reist Lukas nach Italien?

**Aufgabe:**

Eine Reise planen

## Schritt 1 : Wohin möchtest du reisen?

Wähle eine Stadt in Deutschland, Österreich oder der Schweiz.

Schreibe:

Stadt: ________

Land: ________

## Schritt 2 : Transportmittel

Wie möchtest du reisen? Wähle ein Transportmittel.

Schreibe:

Ich fahre/fliege mit dem _______ (z. B. Zug, Bus, Auto, Flugzeug).

## Schritt 3 : Unterkunft

Wo möchtest du schlafen? Wähle eine Unterkunft.

Schreibe:

Ich schlafe im _________ (z. B. Hotel, Hostel, Ferienhaus).

## Schritt 4 : Aktivitäten

Was möchtest du in der Stadt machen? Wähle zwei oder drei Aktivitäten.
Schreibe:

Ich besuche ________ (z. B. ein Museum, ein Schloss, einen Park).
Ich gehe ________ (z. B. in ein Restaurant, ins Kino, einkaufen).

## Schritt 5 : Dein Reiseplan

Schreibe deinen Reiseplan:

Ich fahre nach ________ (Stadt).
Ich fahre/fliege mit dem ________ (Transportmittel).
Ich schlafe im ________ (Unterkunft).
Ich besuche ________ und ________ (Aktivitäten).

## Schritt 6 : Dialog

Unterhalte dich mit einem Partner über eure Reisepläne.

## Dialog: Ein Hotel buchen

**Rezeptionistin :** Guten Tag! Willkommen im Hotel Sonnenschein. Wie kann ich Ihnen helfen?

**Gast :** Guten Tag! Ich möchte ein Zimmer buchen.

**Rezeptionistin :** Für wie viele Personen?

**Gast :** Für zwei Personen.

**Rezeptionistin :** Für welche Daten?

**Gast :** Vom 10. bis zum 15. Januar.

**Rezeptionistin :** Möchten Sie ein Einzelzimmer oder ein Doppelzimmer?

**Gast :** Ein Doppelzimmer, bitte.

**Rezeptionistin :** Soll das Frühstück inklusive sein?

**Gast :** Ja, bitte.

**Rezeptionistin :** Das Doppelzimmer kostet 80 Euro pro Nacht mit Frühstück.

**Gast :** Das klingt gut. Kann ich mit Karte bezahlen?

**Rezeptionistin :** Ja, natürlich. Kann ich bitte Ihren Ausweis sehen?

**Gast :** Ja, hier bitte.

**Rezeptionistin :** Vielen Dank. Ihr Zimmer ist gebucht. Hier ist Ihre Reservierungsbestätigung.

**Gast :** Vielen Dank!

## Fragen zum Dialog

1. Wie viele Personen reisen?
2. Für welche Daten wurde das Zimmer gebucht?
3. Wie viel kostet das Zimmer pro Nacht?
4. Ist das Frühstück inklusive?

## Rollenübung:

- Arbeitet in Paaren. Eine Person ist die Rezeptionistin, die andere der Gast. Führt den Dialog nach und passt die Details an.
- Beispiel: Datum, Anzahl der Personen, Frühstück ja/nein.

## Schreibaufgabe:

Plane eine Reise: Suche ein Hotel in einer Stadt deiner Wahl.
Schreibe eine Reservierung (Ort, Zimmer, Personen, Datum, Preis).

Schreibe einen kurzen Text:

"Ich buche ein Zimmer im Hotel.
Es ist ein ______.
Ich bleibe vom ______ bis zum ______.
Das Zimmer kostet ______ Euro.
Frühstück ist ______.
Ich bezahle mit ______."

Erzähle deiner Partnerin/deinem Partner davon!

**진짜 독일, 진짜 독일어**
초보자를 위한 생생한 독일어 회화와 문화

1판 1쇄 발행 2025년 8월 29일
1판 2쇄 발행 2026년 3월 3일

지은이 / 비욘감멜
발행인 / 김춘성
발행처 / 조선대학교 출판부
주소 / [우] 61452 광주광역시 동구 조선대길 146
전화 / (062) 230-6167
팩스 / (062) 608-5220
등록번호 / 제27호(84.9.25)

정가 11,000원
ISBN 978-89-8439-558-9 93750

본 도서는 조선대학교에 재직 중인 교원의 저작 의욕을
고취하기 위하여 지원하는 특별연구비로 출판되었습니다.